第二曲线创新

（第2版）

李善友

著

人民邮电出版社

北京

图书在版编目（CIP）数据

第二曲线创新 / 李善友著. -- 2版. -- 北京 : 人
民邮电出版社，2021.1
ISBN 978-7-115-54805-4

Ⅰ．①第… Ⅱ．①李… Ⅲ．①企业创新－研究－中国
Ⅳ．①F279.23

中国版本图书馆CIP数据核字(2020)第169652号

◆ 著　　　　李善友
　　责任编辑　郑　婷
　　责任印制　周昇亮

◆ 人民邮电出版社出版发行　　北京市丰台区成寿寺路11号
　　邮编　100164　电子邮件　315@ptpress.com.cn
　　网址　https://www.ptpress.com.cn
　　天津裕同印刷有限公司印刷

◆ 开本：880×1230　1/32
　　印张：9　　　　　　　　　　2021 年 1 月第 2 版
　　字数：240 千字　　　　　　2025 年 10 月天津第 16 次印刷

定价：69.00 元
读者服务热线：（010）81055522　　印装质量热线：（010）81055316
反盗版热线：（010）81055315

2020 年，突如其来的疫情是一场灾难，身处其中的每个人都需要反思：我们应该在此时此刻做些什么，才能迎来完全不同的未来？于我而言，这是一个暂停键，让我停下来反思：混沌学园应该做什么，才能更好地帮助中国广大的创业者？

9 年前，我弃商从教，起初在中欧国际工商学院讲课，后来创办了混沌学园。这些年里，我主持了 7 期创业营、4 期创投营、3 期创新院，听起来做了很多事，其实只做了一件事。我是一个讲课的手艺人，我的理想就是做一门世界级的课程，我将所有的时间、精力都用在讲课这件事上。

创新式生存

疫情之后，每个人、每个组织都回不到过去，所有人都将面临挑战和选择。此时，有一个词非常打动我——创新式生存。

我们突然发现，已经适应的环境突然改变，脚下赖以生存的根基正在坍塌，要想生存下来，只有两条路可以选：一是在原有的基础上，加固即将坍塌的根基，这一条路相对容易一些，这也是大多数人的选择；二是找到新地基。

此时，我想起了英国前首相丘吉尔的一句话："永远不要浪费一场好危机。"也许脚底的根基坍塌了未必是件坏事，我们可以找到一个更加稳固的新地基，并在新的地基上盖起高楼，所以我称它为"创新式生存"。当然，这可能是一条正确但艰难的路。

在过去，创新是一种奢侈品，只要管理做得足够好，第一曲线足够扎实，就可以从容地开始第二曲线创新。如今，行走在刀刃上的危机感从脚底向上蹿升，创新变成必需品，只有创新才能活下来，面对快速变化的环境以及巨大的不确定性，唯有创新才能帮助我们打赢这场必须打赢的仗。

用哲科思维点亮创新

在过去，我无时无刻不在思考以下两个问题："什么是创新？""我们应该如何创新？"寻找这两个问题的答案，已经成为我余生最大的使命。

当你不知道自己是谁的时候，想一想你的偶像是谁。我的偶像是柏拉图，他说真正的教育不是传授知识，而是唤醒，把大家带到洞穴之外。

公元前 387 年，40 岁的柏拉图失意地回到雅典，建立了柏拉图学园，专门讲授哲学、科学、数学等看似无用的学问。这个学园历时 900 年，可以说是西方第一所真正意义上的大学。

公元 1440 年，希腊人普勒托在佛罗伦萨重建柏拉图学园。在黑暗的中世纪，柏拉图的哲学点亮了达·芬奇、米开朗琪罗、拉斐尔，点亮了欧洲，引发了伟大的文艺复兴、科学革命、工业革命，以及后世数不清的变革与发展。

如果再往后看千年，我们不禁要问：哲科思维在今天还重要吗？当代高速的社会发展是否仍然与哲科思维有关？苹果联合创始人史蒂夫·乔布斯（Steve Jobs）说过："我愿意用我所拥有的科技，去换取与苏格拉底相处的一个下午。"这句话也道出了我的心中所愿——学习哲学与科学先哲的智慧在当代社会依然非常重要，尤其是在创新创业领域，而用哲科思维点亮创新，也将是我未来奋斗的主场。

英雄之旅

柏拉图把人类的认识分为 4 个等级，由低到高依次为：想象、信念、理智和知识。类似地，我将人类的思维分为 4 层，由低到高依次为：感性思维、理性思维、哲科思维和觉性智慧。我们所学习的一切内容，都是帮助我们从较低的楼层上升到较高的楼层。这种攀登的过程，也是进阶的过程（见图 0-1）。

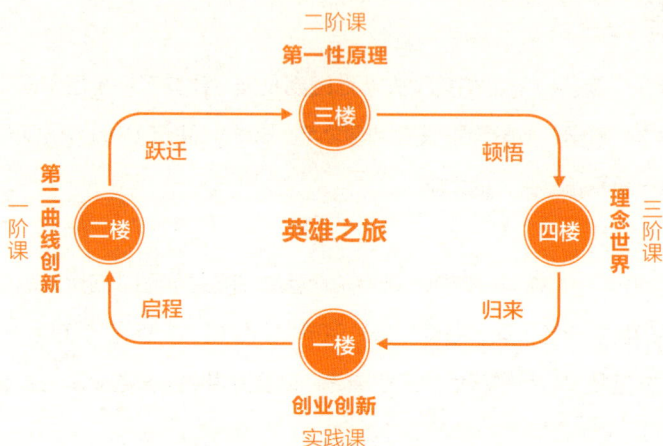

图 0-1　英雄之旅

一阶课

在图 0-1 中，一楼是实践课，混沌学园的一阶课就是二楼，我们称为"第二曲线创新"。这是混沌学园的基础课"创新"，理论源自熊彼特的"创造性破坏"和克里斯坦森的"颠覆式创新"。

熊彼特有一句名言："你无论把多少辆马车连续相加，也绝无可能出现一辆火车。"他坚信，只有从一条曲线到另外一条曲线的非连续性创新，才能产生经济的十倍速增长。

主流商学院教授的是在同一条曲线之内的管理和运营，但是混沌学园从成立的第一天就专注研究曲线转换的创新方法论。历时 9 年的研究，我们摘取 8

个创新思维模型，努力把创新变成一套通用的语言体系，变成可练习、可实践的能力。

"让创新助力每一个人，每一个组织成就不凡。"这是我们的使命之一。

二阶课

三楼是二阶课，我们称为"第一性原理"，这是混沌学园的核心课：哲科思维。课程根基是亚里士多德的"第一性原理"和欧几里得的"公理化思维"。

欧几里得用几条公理和公设，演绎推导出了整个几何学，这是人类思维的奇迹。他影响了西方许多哲学家、科学家、企业家的思考方式。甚至可以说，哲科思维就是工商业文明的底层算法语言。混沌学园是第一个，到目前为止可能还是唯一一个，把哲科思维推荐给中国创新者的学校。

"把哲科思维灯火传薪给中国的创新者。"这是我们的使命之二。

三阶课

四楼是三阶课，我们称为"理念世界"，这是混沌学园的前沿课：根智慧。它还在疯狂生长中，扎根于柏拉图的"理念世界"和乔达摩的"觉性智慧"。

科学时代的根本问题是：它成立于一个巨大的黑洞之上，却无人关心这个黑洞到底是什么，每个人只顾快速向前奔跑。今天人类面临的各种问题，都是这个结构性缺陷的表现而已。

人类正在进行一场生死攸关的大竞赛，是奇点临近的速度和人类意识进化速度之间的一场大竞赛。我认为，这是文艺复兴之后最重要的一件事情。

"用智慧铺就一条通往至善的路。"这是我们的使命之三。

从一阶课到三阶课完美地构成了《千面英雄》中所描绘的英雄之旅，从启程开始，经历跃迁、顿悟，最终回到实践，并帮助更多的人一起看到更大的未来。

人人都是创造者

9 年中，混沌的同学群体越来越大，我们欣喜地发现，"90 后"乃至"95 后"等越来越多的年轻人加入其中。关于创新的话题也越来越深入本质、融入日常：

如何找到个人事业的第二曲线？

第一性原理式的思考，如何帮助我突破职场晋升瓶颈？

个人使命如何与组织使命同频共振形成合力？

……

创新学科如同具有能量的春雨，不仅滋养着千万个商业组织，同时也滋润着极富生命力的个体！逐渐地，"创造"这个词从"创新"中生长而来。

如果你是组织的领导者和管理者，你会非常渴望与组织中的每个个体分享创新的心法，让每个个体都成为组织前进的创造者。从"创新"到"创造"，赋能每个人，使之成就不凡。

"人人都是创造者"，正是创新学科走到当下，我们对每个混沌人内心力量的呼应。而混沌学园的创新学科也正基于每个个体都是拥有与生俱来的创造力这一基石假设之上。生逢其时，与你共振，探寻使命。

人，生而追寻意义。疫情过后，尤其如此，此刻，或许大部分人的心中，既心怀劫难后的幸运，又略带惶恐，渴望走向未来的笃定。欢迎你和我们一起走进混沌学园，找到你内在的力量，创造出一个全新的世界。

1　第一章

组合创新：拆解基本要素并重新组合

组合创新将原本属于天才的创新变成可解构、可学习、可执行的创新方法。创新不是发明创造，而是把基本要素拆解至最小单元，再用新的方式重新组合的过程。在此过程中，拆解要素的能力与正确组合要素的方法都必不可少。

25   第二章

单点破局：找到并击穿"破局点"

对于第一曲线，识别"极限点"价值千金；对于第二曲线，突破"破局点"至关重要。只要过了"破局点"，便有较大可能产生正循环和自增长。复杂并不意味着成功，聚焦单一要素并将其做到极致才是成功的关键所在。

51　第三章

错位竞争：与其更好，不如不同

"组合"与"组合"之间的错位，是"创业的第一法则"。创业者真正应该做的，是通过独立思考找到技术与市场全新的组合方式，搭建"新兴价值网"，在独有的生态位里发挥优势、成为领军者，充分享受创新红利。

75 第四章

低端颠覆：创业者的"理想后门"

从技术水平相对较低但能满足绝大多数用户需求的低价产品切入，进而成功占据低端市场，就是所谓的低端颠覆式创新。任何初创公司向已占据领先地位的巨头发起正面挑战，都无望获得成功，而低端颠覆式创新将为初创企业带来更大的胜算。

115　第五章

组织心智：你所拥有的，往往会变成制约你的

企业转型难在何处？不在于具体招式，而在于看不见、摸不着的心智模式。它无时无刻不在影响着企业，并且一旦形成，就难以改变。能够实现心智模式自我突破的企业可谓少之又少。一旦突破，企业便会迎来天翻地覆的全新局面。

151 第六章

第二曲线：跨越极限点，引领破局增长

与传统认知不同，市场的秘密是用创新企业破坏老旧企业，因为创造性破坏越激烈，整体的回报率反而越高。类似的道理，企业也只有像市场"破坏"过气企业那样去"破坏"自己的过气业务和过气产品，完成从第一曲线向第二曲线的转换，才有可能让基业长青。

203 第七章

分形创新：每一步都是上一步的结果

自然界无飞跃，创新也是如此。第二曲线不是从无到有创造出来的，而是从第一曲线中生长出来的。它不是让企业放弃主营业务去布局新业务，而是通过创新加强主营业务，从更多的创新中分形出第二曲线的新业务。

233   第八章

战略杠杆：创新驱动的增长战略

每家企业都希望自己能够面面俱到，但现实中最好的方法是舍九取"一"——找到最具有优势的元素，并将其打造成自己的核心力量。真正的"好战略"，在于集中企业的智慧、资源和行动，从而以己之长，攻人之短，撬动增长的红利，这就是创新驱动的战略杠杆模型。

第一章

组合创新：拆解基本要素并重新组合

组合创新将原本属于天才的创新变成可解构、可学习、可执行的创新方法。创新不是发明创造，而是把基本要素拆解至最小单元，再用新的方式重新组合的过程。在此过程中，拆解要素的能力与正确组合要素的方法都必不可少。

　　在提到"创新"这个词时，可能有很多人将它与发明和创造联系起来，甚至有些人会将创新和技术直接结合在一起，认为创新是从无到有的创造性过程，似乎只有百分之百原创的东西才叫创新。实际上，这是对创新的误解，创新并非创造全新的事物，而是把不同的要素重新组合起来形成新事物的过程。

　　因此，创新绝非无迹可寻，恰恰相反，我们可以通过一定的方法论加以习得，这就是本章的主题——组合创新。为什么会选择组合创新作为创新的第一个模型，因为它将原本属于天才的创新，变成可解构、可学习和可执行的实践方法。

　　无论你是作为单独的个体去组合自己的事业发展道路，还是初创企业急需找到前行的方向，抑或是成熟企业有志于连续创新，都可以采用组合创新的方法。

创新不等于发明创造

2016 年年初，《财经》杂志对美团创始人王兴进行了一次专访，其中的一段对话令我印象深刻。记者对王兴提了一个较为尖锐的问题："很多人说你始终没有做出一些颠覆性的东西。"

言外之意，美团总是在借鉴他人的思路。王兴睿智地答道："我同意我做的事情并不都是百分之百原创的，这也不是我所追求的。大家可能对发明和创新、创造的理解有点偏差，原创是一回事，你做选择判断是另一回事。

"举个夸张的例子，你写一篇文章，里面每一个字都是汉字，你所做的事情是通过重新排列组合展示自己的想法，你不创造任何一个汉字，但是你的创造是在排列组合层面上的，这也体现了你的判断。从本质上讲，用户真正关心的是谁更能满足他的需求，而不是谁采用了完全不一样的想法。"

王兴对创新的看法，与乔布斯的十分相似。在全球大数据权威、麻省理工学院人类动力学实验室主任阿莱克斯·彭特兰（Alex Pentland）的著作《智慧社会：大数据与社会物理学》[1] 中，记录了

[1] 阿莱克斯·彭特兰. 智慧社会：大数据与社会物理学 [M]. 汪小帆，汪容，译. 杭州：浙江人民出版社，2015.

史蒂夫·乔布斯的一段话："创造力只不过是把事物关联在一起而已。当你问有创造力的人，他们是如何做成某件事的时候，他们会感到一丝愧疚，因为他们其实并没有做什么，他们只是明白了某些东西。一段时间之后，这对他们而言就是显而易见的了，因为他们能够把自己的经验联系起来，合成新事物。"

乔布斯一生中做了两次重大的创新，这两次重大的创新将全世界的科技水平往前推进了一大步。乔布斯的第一次重大创新是将个人计算机与图形界面相结合，制造出了第一台个人计算机，以此将计算机从商业领域过渡到个人，并使其进入千家万户。

乔布斯的第二次重大创新便是 iPhone 手机，将人类正式带入移动互联网的时代。细观初期的 iPhone 手机，你会发现天才如乔布斯者，关于 iPhone 手机的创新依然是由三个旧要素重新组合而成的，分别是音乐播放器（iPod）、手机（Mobile）和互联网（Internet），三者中没有一个是真正从无到有由乔布斯首创的，他的伟大之处在于将三者创造性地加以结合。

王兴和乔布斯的观点都印证了"创新理论之父"约瑟夫·熊彼特（Joseph Schumpeter）对创新方法的定义。熊彼特在 1912 年出版的《经济发展理论》[1] 一书中指出，所谓创新，就是建立一种新的生产函数，把一种从来没有的关于生产要素和生产条件的新组合

[1] 熊彼特. 经济发展理论 [M]. 何畏，易家祥，译. 北京：商务印书馆, 1990.

引入生产体系，以实现对生产要素或生产条件的新组合。

熊彼特进一步阐明了这种新组合涵盖的 5 个方面："生产出一种新产品、采用一种新的生产方法、开辟一个新的市场、获得一种新原料或半成品的新的供应来源、实现一种新的企业组织形式。"换言之，在熊彼特看来，任何经济结构都可以拆解为产品、技术、市场、资源和组织这 5 个基本要素。将这些旧要素进行重新组合，便可称之为创新。我将这种创新的方法论，简称为"组合创新"。

从上文不难看出，熊彼特的"组合创新"与"还原论"[1] 具有高度的同构性，都有两个基本步骤：第一步是拆解基本要素（产品、技术、市场、资源和组织），第二步是将旧要素进行重新组合。

看到这里，或许有些人会大失所望："熊彼特仅仅提出了如此简单的两大步骤，也能算是'创新理论之父'吗？"殊不知，最简单的理论往往才是最了不起的理论，正所谓大道至简。

> 牛顿的第二运动定律，只需要用一个简单的数学表达式 $F=ma$ 即可概括；爱因斯坦的质能转换理论，可以用 $E=mc^2$ 表达；达尔文的进化论学说，一言以蔽之，便是"自然选择"4 个字……

真正的经典理论，通常都是极简的理论，看起来就像大白话一

---

[1] 还原论或还原主义（Reductionism），是一种哲学思想，认为复杂的系统、事物、现象可以将其化解为各部分的组合来加以理解和描述。在哲学中，还原论是一种观念，它认为某一给定实体是由更简单或更基础的实体所构成的集合或组合；或认为这些实体的表述可依据更基础的实体的表述来定义。还原论方法是经典科学方法的内核，它将高层的、复杂的对象分解为较低层的、简单的对象来处理。

样通俗易懂，其中却蕴含极为深刻的道理。所以，判断一个理论是否经典，一个重要的标志是看它是否足够简洁，"组合创新"便是如此。以下的几个例子，或许会让你对"组合创新"有一个更加深入、直接的感受。

先以大疆无人机为例。无人机绝非大疆[1]的首创，它的诞生甚至可以追溯到第一次世界大战期间。

大疆创始人汪滔的高明之处在于，他将摄像头与无人机这两个旧要素巧妙地组合。无人机加上摄像头就变成了全新的航拍无人机，满足了低成本的航拍需求，从而使大疆在极短的时间内，一举打破了航拍市场的原有格局。

再来看看在日本最受欢迎的茑屋书店。在人们的传统观念中，书店和咖啡厅是两个毫无关系的地方，而茑屋书店居然将书店与咖啡厅完美地结合在了一起。在茑屋书店中，不仅有书店、阅读区和咖啡区，还有文创用品、生活用品和一些娱乐用品等，甚至开发了会员卡，用它可在茑屋书店买书和进行其他消费。2018年，全日本的人口总数约为1.25亿，而茑屋书店的会员人数竟然达到惊人的6000万。换言之，将近一半的日本人购买了茑屋书店的会员卡。从这个角度来看，茑屋书店既是一个书店，又是一个咖啡厅，同时还是一张卡，或者说是三者的组合创新，这便是它的有趣之处。

---

[1] 公司全称"深圳市大疆创新科技有限公司"，2006年由汪滔等人创立，是全球领先的无人飞行器控制系统及无人机解决方案的研发和生产商，客户遍布全球100多个国家和地区。

用还原论拆解最小单元

既然创新是各种旧要素的重新组合，那么拆解基本要素，便是创新的基本功。将基本要素拆解至最小单元，从中找出全新的组合方式，是创新的题中之意。"最小单元"这个词充满了魔力，当你看某个事物的整体时，往往含糊不清，无从下手，此时不妨将整个事物进行拆解，看看它是由哪些最小单元组成的。将不同的最小单元重新组合起来，就是一个好的创新。

当然，拆解的方式有很多种，你既可以从时间层面入手，也可以在空间层面上进行。在此，我们推荐其中一种拆解方式，它未必是最有效的方式，但却能让你对世界产生全新的认知，这就是按尺度拆解，它符合我们前面提及的"还原论"。

还原论的起源最早可追溯至 2500 多年前的古希腊时代。当时，一部分古希腊哲学家认为世界是机械的，其中以德谟克利特的观点最为著名。德谟克利特是原子论的创立者之一，他的导师留基伯最早提出原子论，并创立了原子学派，德谟克利特则将原子论发展成为一套系统的理论。

德谟克利特在其著作《小宇宙秩序》[1] 中提出："所有事物的本原都是原子和虚空，原子是一种最小的不可分的物质微粒。宇宙中

[1] 古希腊时期重要思想家和哲学家，原子唯物论的创立者之一德谟克利特仅有残篇存世。

的一切事物都是由在虚空中运动的原子构成的。所有事物的产生就是原子的结合。"

其实，德谟克利特的"原子论"表述的正是后世"还原论"的观点：整体可分解为部分，部分可以组成整体；整体等于部分之和。这一观点，对东西方的近现代科学产生了深远的影响，哲学家培根、霍布斯、笛卡儿和科学家伽利略、牛顿、麦克斯韦、爱因斯坦等人，在此基础上继承和发展，形成了一套哲学和科学的思维体系和方法，在近现代数百年的哲学和科学探索中取得了辉煌的成果。

无论是物理学、化学、生物学，还是社会学等领域，那些伟大的科学家绝大多数运用的都是"还原论"的方法：当事物的整体研究不清楚时，可以把整体拆解成部分，然后部分可以重新组合成整体，整体等于部分之和。

事实上，各学科的发展也是伴随着最小单元的层层拆解而不断前行的。以基础物理学为例，从分子拆解到原子，从原子拆解到原子核和电子，从原子核拆解到质子和中子，又从质子拆解到夸克，甚至拆解到弦。每往下拆解一个层级，人类的基础物理水平便能前进一大步，从而带动人类文明不断向前迈进。

但凡看过刘慈欣创作的系列科幻小说《三体》[1]的读者，一定会对书中的"智子"印象深刻。因为这个小小的东西威力极大，三体文明正是通过"智子"锁死了地球人往下拆分基本粒子的能力，使得地球的基础物理研究近乎停滞，从而遏制了地球文明的发展进程。

---

[1] 刘慈欣 . 三体 [M]. 重庆 : 重庆出版社 ,2008.

虽然小说是虚构的，但是通过这一桥段，你或许便能理解拆解最小单元的重要性。

纵观整个 20 世纪，科学技术最大的进步便源于找到了物理学、信息学和生物学 3 大学科中的基本要素。这 3 个学科的发展存在惊人的相似之处：它们的框架均由最基本的组织单元组成。比如，原子是物质的基本单元，比特是信息的最小单元，基因则是遗传的最小单元。在这里，我们看到了不同学科的同构性，正是因为拆解到了最小单元，这 3 个学科才得以蓬勃发展。

需要注意的是，在具体的实践过程中，并不需要将所有问题拆分至终极性的最小单元，只要能够拆解到模块层面，将现有系统的某个成熟模块独立出来即可。比如在公司业务层面，你只需要把现有业务往下拆分，哪怕只往下一两个层级，并且形成可单独操作的模块，都会比他人进步一大截。

比如，腾讯早期的最小单元是即时通信领域的 OICQ；百度早期的最小单元是搜索领域的搜索框；淘宝也是如此，它的最小单元就是一个个麻雀虽小、五脏俱全的淘宝店。在拆解要素时，拆解至类似的可独立的基本模块即可。

再次重申，组合创新就是基本要素的重新组合，而拆解最小单元的能力是创新的基本功，需要不断地进行刻意练习。就好比同一个事物，普通人看到的是混乱的一团，高手看到的却是条分缕析的基本单元。

供需连组合法

将组合要素拆解到最小单元之后，我们还需要将这些要素重新组合，才能实现创新的目的。当然，要素重新组合的方法有很多，比如，前面提到熊彼特提出了五要素，从产品、技术、市场、资源配置和组织5个角度对基本要素重组的方法进行了阐述。但在我看来，五要素模型略微复杂了一点，我个人更倾向于美国学者克莱顿·克里斯坦森（Clayton M. Christensen）的颠覆性创新理论。

克里斯坦森说过："技术无所谓颠覆，市场也无所谓颠覆，技术和市场的组合才具备颠覆性。"实际上，这里的技术代表供给侧，市场代表需求侧，而供给和需求之间天然存在一个连接，所以克里斯坦森的颠覆性创新，其实就是供给侧、需求侧、连接端3种基本要素的重新组合，我们将这种方法命名为"供需连组合法"，并简化成如图1-1所示的模型。

如图1-1所示，现代社会的任何经济结构，都离不开供给、需求和连接3个层面。企业需要从供给侧提供技术或产品，并将产品或服务提供给需求侧的客户或用户，而连接供给侧和需求侧的是平台或组织。需要强调的是，"供需连组合法"只是一个极简的创新方法，并不意味着不存在其他组合方式。

供需连组合法

1. 供给： 技术、产品等

2. 需求： 客户、用户等

3. 连接： 媒介、平台等

图 1-1　供需连组合法示意图

在美国硅谷，类似供需连组合法的模型早已存在，那就是 PMF 模型（见图 1-2）。简单来讲，企业在打造产品的时候，需要做到产品（product）与市场（market）的完美契合（fit）。而在电商领域，供需连模型的影响更加深远，比如我们常说的人、货、场，"货"就是卖家，即供给侧，"人"就是买家，即需求侧，而"场"提供的就是连接（见图 1-3）。

PMF 模型

1. 供给： 产品（product）

2. 需求： 市场（market）

3. 连接： 契合（fit）

图 1-2　PMF 模型示意图

电商领域的"人货场模型"

1. 供给： 货（B 端）

2. 需求： 人（C 端）

3. 连接： 场（平台）

图 1-3 电商领域的人货场模型示意图

　　这里需要强调的，在进行组合创新时，不同的企业选择的切入角度也是不同的。对于一些在行业内占据绝对优势地位的企业而言，通常会选择从连接侧切入，因为改变产品与市场的连接方式，等于变相地改变了行业的生态。只有这样，巨头企业才能创造新的业务增长点，实现企业的继续发展。当然，改变产品与市场的连接方式需要企业具备一定的影响力和号召力，同时需要投入的成本也相对较高，所以对于一些创业企业来说，更多的还是会选择从需求侧或供给侧切入。

好未来的组合创新

在现实中，有很多企业已经在应用组合创新的方法不断提升发展的层次与阶段。比如在教育行业，好未来[1]就是典型的组合创新案例。

好未来是中国青少年素质教育和课外辅导领域屈指可数的行业领军企业，其前身是国内最早开始在线教育模式探索的"学而思"培训机构，成立于 2003 年。2010 年 10 月 20 日，好未来的前身学而思在美国纽约证券交易所挂牌上市，成为国内首家在美国上市的中小学教育机构。

好未来的发展实际上分为明确的 3 个阶段，接下来我们就针对不同的阶段对好未来的组合创新模式进行具体的阐述。

第一阶段：线下培优

21 世纪初，国家取消了小升初的升学考试，而奥数成绩成为进入重点中学的重要因素，在教育培训行业掀起了一股"奥数热"。2003 年"非典"疫情期间，中小学学校停课。如今好未来的 CEO 兼董事长张邦鑫在当时创办的一个在线答疑论坛"奥数网"，意外走红，同年 8 月，他与同窗曹允东注册了公司，办起了辅导班。

---

[1] 2013 年 8 月 19 日，好未来宣布将沿用了 10 年之久的集团名称从"学而思"更改为"好未来"。为便于阅读，除特指外，本文中关于该公司的名称统一用"好未来"。

好未来进入市场之前，国内的教育培训市场一直以新东方为龙头。而新东方早期的培训模式是以英语为主，通过名师线下授课的方式，服务于企业和私人客户。新东方成立于 1993 年，好未来 2003 年成立之时，新东方风头正盛。为了能够在与行业头部企业的激烈竞争中存活下来，好未来从一开始，就对企业的供需连进行了重组（见图 1-4[1]）。

供给		需求	连接	
学科	老师	面向对象	师生比	场景
英语	名师	B 培训机构	1 对 1	线上
数学 + 理科	教研 + 普通老师	C 差生补差	小班	线下
		C 优生培优		
语文	AI 老师	G 全日制学校	大班	

图 1-4　好未来的组合创新

1. 供给端

考虑到新东方在英语培训方面的绝对优势和自身在奥数培训领域的相对优势，张邦鑫决定以奥数培训作为核心项目，进入市场。虽然从竞争的角度讲，张邦鑫选择的发展路径可以有效地避免与强大的竞争对手短兵相接，但对于重视盈利的董事会来说，避开当时主要的培训热门学科，显然不利于盈利。为此，张邦鑫与董事会之

---

[1] 图中橘色字体代表好未来采取的模式，其余为其他培训机构所采取的模式。图 1-5 至图 1-8 与此相同，特此说明。

间产生了分歧。最终，在他的极力坚持下，公司还是选择了以奥数作为主要培训项目。

凭借创业初期的第一个十倍速发展要素，也就是奥数培训的指数级需求增长，与"奥数网"所带来的"MVP"验证，好未来实现了快速发展。作为联合创始人之一，曹允东也提到，"这个点（指奥数）抓得特别准，这让我们渡过了最初的难关。"到 2005 年的时候，好未来的销售额达到 1000 万元。

除了主要的学科奥数，好未来也在提供语文和英语学科的培训，但张邦鑫为了进一步巩固自身在奥数培训方面的优势，果断将语文和英语学科的课程取消，开始集中精力与资源提升奥数学科的教学质量和水平。在当时看来，这种决策近乎疯狂，放弃业已成熟的学科，等于将很多潜在的用户拒之门外。但是张邦鑫认为，做强比做大重要，质量比数量重要，要么不做，要做就做到第一名。在澎湃新闻对张邦鑫的一次专访中，他讲道："那时候，因为资源有限，学而思在语文、英语方面并不能做到和数学一样专业，三科同时研发不能实现，所以索性将英语和语文课程停掉了。"

换句话说，只有在供给端集中力量发展具备优势的领域，后进企业才能拥有与行业头部企业竞争市场的能力。而实际的结果也告诉我们，好未来凭借在奥数学科方面的优势，在教育培训市场成功脱颖而出，最终成为能够与新东方相提并论的业内顶尖企业。值得一提的是，在凭借奥数学科实现了突围以后，好未来分别于 2008 年和 2010 年重新将语文、英语等学科添加进课程系统当中，形成了新的业务增长点。但是迄今为止，在好未来的产品体系中，数学培训依然占据核心位置。

除了对课程科目的设置，好未来在供给端也重组了培训服务的具体方式。与新东方不同，好未来坚决不走名师路线，而是选择以标准化课程研发打破名师数量的限制和束缚。

好未来投入了大量的资源进行教研，并根据教研的结果设计高效且合理的课程和教师培训计划。所以，在之后的经营中，好未来只需要从人才市场招聘一些刚刚走上社会的大学毕业生，然后通过培训的方式，就可以批量培养出具备专业素养的教职员工，同时还能保证教学的质量与水平。这一举措，继选择奥数培训作为核心产品之后，成为好未来第二个十倍速增长要素。

2. 需求端

在好未来创办之初，教育培训市场的主流逻辑是"学习成绩差的学生才需要补课，学习成绩好的学生不需要补课"。好未来"反其道行之"，开设了培优班。"学而思培优"是为成绩优秀的学生开设的培训班，当时学而思提出的口号是"北京优秀学生俱乐部"。想要进入这个培训班，学生首先要进行入学考试，成绩达不到要求就无法报名，达到要求的还要进行分层，然后才能进入相应的班级学习。

在这种用户筛选逻辑下，好未来第三个十倍速增长要素出现了，因为学习成绩好的学生的学习意愿、主动性、学习效果都是高于学习成绩差的学生的。凭借这种优中选优的培训模式，2016 年好未来的优秀学员几乎包揽了北京各个区县的中考状元，同样的事情也出现在好未来培优落地的其他城市中。

3. 连接端

在好未来成立 15 周年的庆典上，张邦鑫发表了自己对教育行业的看法，其中提到"教不好学生等于偷钱和抢钱""不靠口碑招生的学校不受尊敬""和客户不亲的学校没有未来"等观点。实际上，早在好未来发展的初期阶段，张邦鑫就非常重视学生的授课体验，所以从一开始就对连接端（课堂）进行了合理设计。

张邦鑫说过："规模在 15 人以下，可以保证每一次课堂每名学生都有两次公平的提问机会。"好未来采用的正是这种小班教学的方式。因为老师面对的学生数量少，所以能够更有针对性地根据每名学生的特点进行辅导，教学质量自然水涨船高。再加上"免费试听"和"随时退费"两大政策进一步提升了学生家长对教学质量的信心，小班教学模式就成为好未来第四个十倍速增长因素。

经过从供给端、需求端、连接端出发的组合创新，好未来找到了一条与新东方大相径庭的发展路径。好未来由此形成了自己的特色优势，通过理科为主、重视教研、小班教学、线下授课的经营系统，有效地填补了市场空白，赢得了大量用户的青睐，同时也迈出了向全国市场扩张的第一步。

第二阶段：学而思网校

尽管学而思培优的发展顺风顺水，但张邦鑫依然没有停下创新的脚步。在互联网刚刚在国内形成规模影响时，他就已经注意到线上教育的优势与未来发展潜力。借助互联网发展初期的东风，好未来顺势对教学培训的连接端再一次进行了重塑，推出了"学而思网校"。当然，一开始的时候由于各种各样的原因，这种在当时看来非主流的培训方式并没有被市场认可。但张邦鑫没有轻言放弃，在线上教育这个领域，他带领好未来进行了一次又一次的尝试。

1.第一次尝试：录播

张邦鑫在线上教育方面做出的第一次尝试，就是以线上录播的新连接形式为学生提供可以在线观看的视频课程。录播课程可以几乎不受限制地被无数人观看，而直播课程受时间限制只能被有限的人观看。对教育培训企业来说，网络的最大价值在于可以利用少数名师覆盖多数群体，因此好未来在此时不仅调整了供给端的形态，选择了名师模式；同时也调整了需求端的形态，从主打培优，转变为培优 + 补差的全覆盖模式（见图 1-5）。

供给		需求	连接	
学科	老师	面向对象	师生比	场景
英语	名师	B 培训机构	1 对 1	线上录播
				线上直播
数学 + 理科	教研 + 普通老师	C 差生补差	小班	线下
		C 优生培优		
语文	AI 老师	G 全日制学校	大班	

图 1-5　好未来录播模式的组合创新

虽然好未来的网课采用了名师授课，教学质量很高，但实际的销售情况并不理想，而且完课率始终处在一个较低的水平上。后来，张邦鑫意识到自己陷入了认知误区，他以为"名师 + 录播"的模式，凭借高质量的课程可以实现各种类型学生的全面覆盖。但是，录播的线上教学模式存在一个天然的漏洞——缺少必要的互动。当然，对于一些自律性较强的优秀学生来说，这种缺点影响不大，但对大多数需要不断鼓励才能持续学习的学生来说，录播教学的效果自然难以保证。

从这个角度来讲，好未来互联网转型的第一次尝试以失败告终，主要原因就是录播课程、全覆盖的学员范围与线上录播的课堂模式三者之间的核心要素没有形成合理的匹配。

2. 第二次尝试：直播

好未来在网校发展的第二阶段引入直播课程的新模式，直播课程提升了互动频次，显著提升了学生的学习热情，解决了录播课程与各种类型学生之间的有效连接问题，提升了授课质量，但同时对企业的供给端发起了新的挑战。直播不同于录播可以提前录制的特性，需要大量的师资力量作为支撑，而好未来的名师数量有限，无奈之下，只好调整供给端，从名师录播转变为"教研 + 普通教师"的直播模式（见图 1-6）。相对于经验丰富的名师，凭借高水平教研才能胜任教学工作的普通教师显然无法达到名师的教学水平，所以好未来在在线教育方面的第二次探索，再一次出现了教学质量参差不齐的问题。

供给		需求	连接	
学科	老师	面向对象	师生比	场景
英语	名师	B 培训机构	1 对 1	线上录播
				线上直播
数学 + 理科	教研 + 普通老师	C 差生补差	小班	线下
		C 优生培优		
语文	AI 老师	G 全日制学校	大班	

图 1-6 好未来直播模式的组合创新

3. 第三次尝试：海边双师——直播 + 辅导

为了找到一种最佳的线上教育模式，好未来开始开放试错，采用了赛马机制，将当时具备的所有在线教育模式统统上线，交由消费者决定谁才是最佳选择。最终，好未来旗下的直播平台——海边直播首创的"直播 + 辅导"模式（见图 1-7）脱颖而出。

简单来讲，所谓"直播 + 辅导"模式就是名师在线上通过直播的形式为大量学员一起上课，而在课下，学生会被拆分成小班，由各自的辅导老师进行有针对性的指导。这种在线培训方式，实际上是把学习拆分成了两个部分。其中"学"是在课堂上完成的，通过互联网，名师可以给大量的学生一起上课；而"习"就是课前的预习、课后的复习，包括辅导作业、有针对性的答疑，都是由辅导老师完成的。如此一来，好未来在保证名师授课的同时，也加强了对在线

	供给		需求	连接		
学科	学：直播老师	习：辅导老师	面向对象	学：师生比	习：师生比	场景
英语	名师	名师	B 培训机构	1 对 1	1 对 1	线上录播 / 线上直播
数学+理科	教研+普通老师	教研+普通老师	C 差生补差 / C 优生培优	小班	小班	线下
语文	AI 老师	AI 老师	G 全日制学校	大班	大班	

图 1-7 好未来"直播+辅导"模式的组合创新

学生的关注度，突破了在线教育的瓶颈。

从组合创新的角度来讲，好未来把"学习"拆解为"学"和"习"，重塑了教育产业链的基本结构。实际上，这种双师教学的模式也是组合创新的产物。虽然线上直播与线下授课都不是新鲜事物，但张邦鑫将这两种事物组合在一起形成了好未来独有的全新教育模式——双师教学。

"双师教学"模式推出之后，好未来的线上教育水平得到了迅速提升。2018 年，好未来的完课率和续报率超过面授班。因此，好未来继续单一要素最大化，将新开学校的教学模式都改为"双师教学"模式，不再开设面授班，同时从来不做广告的好未来从 2018 年开始大规模地进行网校的饱和式广告宣传，结果营业收入呈现爆发式增长，超过 30 亿元。

第三阶段：教育

随着线上教育的蓬勃发展，张邦鑫再一次回归初心，开始重新思考好未来在未来的发展应该从哪个领域入手？最终，张邦鑫找到了答案。他说："从某种程度上来说，作为课辅机构，我们已经走到了前面。但我们发现，仅仅从课外去影响孩子这件事，它的边际效应越来越小。"所以，张邦鑫决定进军教育行业，他想要将好未来从一个培训机构打造成一个教育机构；从一个运营型公司成长为一个数据驱动型公司；从一个线下公司变成一个科技服务公司；从一个中国公司成长为全球性公司。

2018 年，张邦鑫重新定义了好未来，开始将面向企业和公立学校的业务放在了极高的战略位置上，并且推出了面向全教育培训行业的企业级产品"未来魔法学校"，全方位开放好未来内部的教学教研成果和设备资源，并通过这种方式与公立学校合作，形成新的发展模式（见图 1-8）。

供给		需求	连接
教研	学习资料	面向对象	学的师生比
自研	自研	学生	—
外购	外购	学生	公立学校

图 1-8　好未来在公立教育行业的供需连

对于外界甚至企业内部的人来说，这无异于又是一次疯狂的冒险。在好未来内部有一种担心是，如果公立学校的教学质量得到了提升，那么学生为什么还要来课外辅导机构上课。但张邦鑫认为："未来教育一定是以公立学校为主体、课外教育机构为辅的均衡态势。今天确实有这么一个问题，像新东方、好未来这样的公司在研发领域投入大量资源，在某些领域、某个阶段很容易走到前列。但如果我们大力支持公立校，就能把这种态势扭转过来。这样，校内与校外就可以保持一个均衡的发展，从另一方面讲，这也能让课外辅导机构保持长期健康的发展。"

现在来看，好未来正在向教育平台的定位逐渐靠拢，这也意味着它在线上教育领域保持良好发展态势的同时，通过组合创新找到并发展自己的新方向，甚至已经有所成就。最近，好未来公布了它的新使命，将原本"科技让教育更美好"改为"爱和科技让教育更美好"，把"爱"字放在了最前面，而我最喜欢的就是它把"爱"放在前面的美好，这是一家有使命、有责任感的公司。

第二章

单点破局：找到并击穿"破局点"

对于第一曲线，识别"极限点"价值千
金；对于第二曲线，突破"破局点"至关
重要。只要过了"破局点"，便有较大可
能产生正循环和自增长。复杂并不意味着
成功，聚焦单一要素并将其做到极致才是
成功的关键所在。

在第一章中，我们重新定义了"创新"并重点介绍了组合创新的两大步骤：拆解最小单元和要素重新组合。在本章中，我将讲解另一个创新问题——单点破局，即如何力出一孔，形成十倍速的增长。

请大家先思考一个问题："为什么要创新？"对于这个问题，不同的人会给出不同的答案。就我而言，创新有两个目的：第一，创新直接的、功利性的、正面的目的是增长，并且是取得持续性的增长；第二，如果对创新进行哲学式思考，将来我们会深刻地理解到，面对不断变化的内外部环境以及日益加剧的不确定性，创新成为一件不得不做的事，不仅为了增长，也为了生存。

对个人来说，成长（增长）是每个人的首要人生课题；同样，对企业来说，增长是所有企业的首要战略目标。上市公司的市值和创业公司的估值是由未来的增长率决定的，而不是由现在的收入绝对值决定的。如果企业在可预见的未来不再有增长空间或增长率比较低，即便现在拥有再高的收入绝对值，市值（估值）也会下降。

只有拥有一条昂扬向上的增长曲线，投资者才会蜂拥而至，企业的市值（估值）才会越来越高。企业一旦丧失了增长的可能性，就相当于被宣判了"死刑"。

S 曲线与破局点

　　既然创新是为了持续增长，在讲解"单点破局"之前，我们需要引入一个重要的创新元模型——著名的"S 曲线"。事实上，任何一个品类，无论是技术提升、产品创新还是公司和产业的发展，随着时间的推移，最后的增长形态都是"S 曲线"（见图 2-1）。

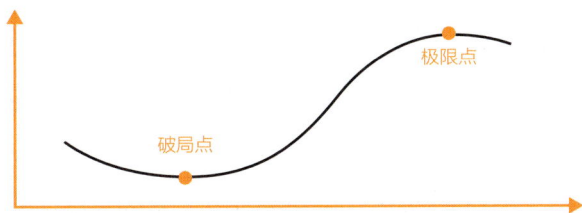

极限点

破局点

图 2-1　S 曲线示意图

　　S 曲线的应用范围极广，你几乎可以将它代入一切事物的发展周期当中，它不仅适用于企业的发展周期，也适用于个人的职业生涯和人生发展。

　　我们从图 2-1 中能够明显看出，S 曲线在开始时呈下降趋势，说明此时的投入高于产出；由下而上的翻转点被称为"破局点"，突破了"破局点"之后，曲线的上升幅度明显增强；靠近曲线上方时，增长速度开始放缓，虽然还保持着增长态势，但相较之前的高速增长已远远不足；曲线由上往下的翻转点就是"极限点"，极限点也是"失速点"，此后曲线便走向下坡路。在本章，我将重点讲解"破局点"，后面的章节将详细介绍"极限点"。

西方管理学大师、被誉为"管理哲学之父"的查尔斯·汉迪（Charles Handy）在《第二曲线：跨越"S型曲线"的二次增长》[1] 一书中，有过这样的论断："任何一条增长的S曲线，都会滑过抛物线的顶点（极限点），持续增长的秘密是在第一条曲线消失之前，开始一条新的S曲线。此时，时间、资源和动力都足以使新曲线度过它起初的探索挣扎的过程。"为了便于区分和理解，我们将前一条S曲线称为"第一曲线"，而将新的S曲线称为"第二曲线"。

在S曲线中，破局点非常重要。过了破局点，就能够产生正循环自增长；如果不能过破局点，只是低水平的重复而已。事实上，95%的企业没有过破局点，95%的人生也没有过破局点。

所以，如何击穿破局点，就是单点破局需要解决的问题。单点破局的适用范围极广，对初创企业而言，它适用第一曲线如何破局的问题；对成熟企业而言，已经有了第一曲线，它可以解决第二曲线如何破局的问题，而这对于个人也同样适用。

---

[1] 查尔斯·汉迪.第二曲线：跨越"S型曲线"的二次增长[M].苗青，译.北京：机械工业出版社，2017. 本书第6章将会详细讲解"第二曲线"。

用"供需连"寻找破局点

　　击穿破局点非常困难。在一般情况下，我们会听到两种建议：一种是不要把所有鸡蛋放在同一个篮子里；另一种是集中优势资源打歼灭战。这两个建议都有道理，问题是如果破局点的面过于宽，你永远找不到那个点；如果没有足够的范围可供选择，你可能会漏掉重要的点。

　　所以，我的建议是通过一个简单且全面的分析框架，找出单一要素进行单点破局。这个分析框架就是第一章提及的"供需连模型"。这个模型只有 3 个基本点，并不复杂，但这 3 个基本点同时又是 3 个关键的点，所以不会漏掉重要的信息（见图 2-2）。有了模型，我们就需要找到最为重要的破局点。

供需连组合创新

· 供给

· 需求

· 连接

图 2-2　供需连组合创新模型示意图

　　我们说组合创新就是旧要素的重新组合。在此基础之上，我们需要思考一个问题："依存条件（组合要素）是不是越多越好？"

考虑到人类的天性，很多人或许会认为组合要素多多益善。然而，真相恰好相反。企业需要的组合要素越少越好，尽量用最少的基本要素满足生存所需。

我十分认同王东岳先生在《物演通论》[1]中讲的这段话："每一个条件就像一枚鸡卵，你需要的生存条件越多，相当于把众多鸡卵垒得越高，你置身于那高高叠起的累卵之上，心里岂能不疑惧、忐忑？倘或其中的某一个必需条件突然崩溃，就像那叠罗汉似的某一个鸡卵骤然碎裂，你的整个生存基础难免立刻轰然坍塌。"

所以，如果企业仅需特别少的基本要素便可存活，则无疑具备较高的生存度。反之，如果企业需要的依存条件越多，则意味着它的抗风险能力越差，稍有风吹草动，它就有可能万劫不复。因此，创业公司（尤其是初创公司）切忌生态化、集团化、多元化、复杂化，不宜过度营销、联盟、战略合作等，不宜高、大、全。即便是巨头，也必须有所取舍。

混沌学园内部有句流传很广的说法："什么是你的'一'？"因为资源有其上限，均等发力就等于没有发力，有可能哪个层面都击不破、打不穿，所以你选定的那个"一"，就是单点破局的关键。

比如，当今世界最大的两个电商企业亚马逊和阿里巴巴，虽然都是电商平台，但在发展的过程中，它们选择了截然不同的破局点。我们用供需连模型来分析一下电商的组合创新。任何电商都需要"人""货""场"，构成自己整个生态体系，这里的人、货、场

---

[1] 王东岳 . 物演通论 [M]. 北京：中信出版社，2015.

对应的就是需求、供给和连接（见图 2-3）。

电商的组合创新：人货场模型

────────────────────

- **需求侧：** 消费者（人）
- **供给侧：** 商家（货）
- **连接端：** 平台（场）

图 2-3　电商的组合创新：人货场模型示意图

首先来说亚马逊。亚马逊从建立之初，就确立了企业的使命——成为全世界最以消费者为中心的公司。所以，在创业阶段，亚马逊选择消费者（需求端）作为发展的破局点，亚马逊的"一"就是消费者。

作为经营者，亚马逊的创始人贝索斯脾气暴躁，和很多亚马逊的高层管理人员在公司运营过程中发生过争执；作为企业家，他与媒体的关系也堪称恶劣，在长达 19 年的时间里，媒体一直在批评他；作为合作伙伴，他与供应商之间的关系也非常紧张，因为他总是拖欠货款，将大量的现金攥在自己的手中并用于亚马逊的运营。

他最大的优点是非常重视消费者。与其他零售平台相比，连续近 10 年，亚马逊都被评为消费者满意度最高的一家零售商。在亚马逊的企业价值观中，消费者始终处于最核心的位置。这种价值观促使亚马逊选择了需求端作为破局的单一要素。

　　阿里巴巴创业之初的使命是"让天下没有难做的生意"。我们不难看出，阿里巴巴选择的"一"是商家，也就是供给端。

　　我们可以回想一下，阿里巴巴成功的业务几乎都是企业端的，同样的道理，阿里巴巴针对消费者端的经营，大多数以失败告终。最终，成就阿里巴巴辉煌业绩的都是面向企业的业务，比如阿里云。这种基因的存在，也是阿里巴巴选择以供给端作为破局点的主要原因。

两家电商巨头，一个选择了买家，另一个选择了卖家，却没有任何一个同时选择需求端与供给端。或许有人会问："二者是否可以兼得？"很抱歉，世间安得双全法？什么都想得到，往往什么也得不到，你必须且只能选择其一作为企业的元起点。这是涉及企业根本的问题，切不可掉以轻心。

　　如果你选择了某一方作为你的元起点，你的商业模型也会建立在这一基点之上。换句话说，企业的价值观、组织心智都是从这个角度入手建立起来的，而之前选择的单一要素其实就是这个小生态系统的第一性原理[1]。上层建筑容易调整，而基础一旦变化，企业面临的将会是灭顶之灾。

　　当然，我们可以深入地探讨一下这个问题。如果亚马逊选择供给端而阿里巴巴选择需求端作为自己的破局点，会产生什么样的结果呢？我认为，如果真的出现这样的情况，或许就不会有亚马逊和阿里巴巴日后的辉煌了。因为，两家企业之所以会树立截然不同的

---

[1] 关于第一性原理的内容，请参看拙作《第一性原理》。

两种使命，是因为这是它们受到市场环境影响的必然选择。

比如在美国，市场经济起步较早，供应链发展已经达到一个非常成熟的阶段。所以亚马逊可以直接选择消费者作为自己的经营核心。反观阿里巴巴，在起步阶段，中国的商业供应链体系刚刚起步，尚不成熟，甚至连最基本的在线支付都无法简单完成。所以，马云只能从商家入手，通过平台的带动促进供应链的逐渐成熟。

提出以上两个案例，其实是为了强调，在选择单一要素的过程中，上策是通过打破二元对立，找到企业发展的第一性原理；中策是简单权衡，选择优势较为明显的一方；下策则是既要 A，也要 B，全盘接受。也就是说，无论供给端、需求端甚至连接端，我们最好只选择其中一个，即选择最符合企业发展逻辑的一种作为元起点。

我们用供需连拆解破局点时，仅仅停留在供需连的尺度还是太大，还需继续拆解。如何具体拆解？其中有两个问题需要解决：第一，如何识别破局点；第二，识别破局点之后，如何有效击穿破局点。下面我们将分别阐述。

识别破局点：单一要素十倍速变化

在《只有偏执狂才能生存》[1]一书中，美国著名企业家、工程师安迪·格鲁夫（Andy Grove）提出了战略转折点的概念。什么是转折点？在数学上，当曲线斜率变化比率开始改变符号时，就意味着遇到拐点，而拐点也是转折点。曲线经过拐点之后，开始改变原来的方向从而向另一方弯曲。战略问题也一样，在拐点上，旧的战略被新的战略替代，促使企业上升到新的高度，这时的拐点就是破局点；经过拐点后，企业开始滑向低谷，这时的拐点就是极限点（见图 2-4）。

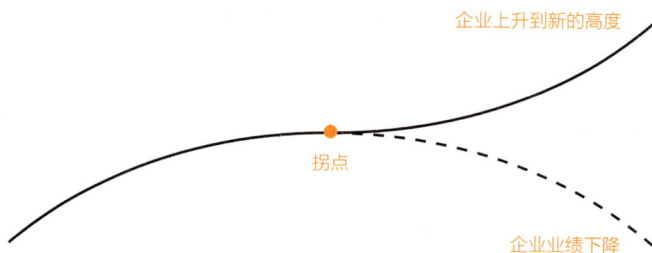

企业上升到新的高度

拐点

企业业绩下降

图 2-4　拐点（转折点）曲线

[1] 安迪·格鲁夫 . 只有偏执狂才能生存 [M]. 安然，张万伟，译 . 北京 : 中信出版社，2010.

格鲁夫在书中坦言："由于绝大多数的战略转折点都伴随着一个影响其产业的某个因素的十倍速变化，人们因此会问：'每一个战略转折点，都表现出十倍速变化吗？每一个十倍速变化，都会导致战略转折点吗？'我认为，在实践中，这两个问题的答案都是肯定的。"

既然如此，识别破局点的关键自然落在了"十倍速变化"上。大家需要注意的是，出现十倍速变化的绝不是所有基本要素的组合整体，而是其中某个单一要素的短时间巨变。这个要素既有可能位于企业内部，也有可能属于外部环境。当单一要素发生了十倍速变化时，就标志着这条曲线即将产生"破局点"。你要做的事，便是选择它作为破局点，并围绕它构建新组合、形成创新产品。

格鲁夫在《只有偏执狂才能生存》一书中，援引"竞争战略之父"迈克尔·波特（Michael Porter）的竞争分析模型，列举了几种可能产生"破局点"的单一要素："它们（战略转折点）的直接诱因是竞争力量的十倍速变化、技术上的十倍速变化、顾客作用的十倍速变化、供应商和互助企业作用的十倍速变化，以及规章的建立和清除带来的十倍速变化。"

我们将各种单一要素代入供需连组合创新模型，便会让破局点的识别变得更为简单、清晰。它们分别如下。

·供给端：技术革新的十倍速变化，比如 5G 技术的大规模应用。

·需求端：顾客作用的十倍速变化，比如用户的需求强度、年龄层次、兴趣爱好等。

·连接端：供应者和互助企业的十倍速变化，比如媒介和渠道的变化。从微信的 10 亿月活跃用户数到今日头条的异军突起，概莫能外。

在以上 3 个方面，任何一个要素发生十倍速变化都有可能是破局点出现的象征。

从以上 3 个方面中不难看出，当我们提到"破局点"时，通常与"风口"或周期性变化息息相关。加州大学洛杉矶分校管理学院的教授理查德·鲁梅尔特（Richard Rumelt）在《好战略，坏战略》[1]一书中，记载了下面的故事。

1997 年 9 月，距离苹果公司几乎破产只有两个月的时间。在此危急关头，此前被排挤出局的史蒂夫·乔布斯临危受命，担任苹果公司的 CEO。在不到 1 年的时间里，乔布斯通过一连串令人眼花缭乱的"组合拳"，让苹果公司的情况彻底改观，将其从破产的边缘中拉了回来。

1998 年夏季，鲁梅尔特对乔布斯进行了一次采访。鲁梅尔特说："史蒂夫，这次苹果的绝地逢生给人留下了深刻的印象。但是，根据我们对计算机行业的了解，苹果无法真正地突破这种微利模式。网络效应太强了，Windows 和英特尔的标杆地位根本无法撼动。那么，你有什么长远之计吗？制定了什么战略吗？"

乔布斯没有反驳鲁梅尔特的论据，但也没有认同，他只是淡然一笑，说道："我在等待下一个大机遇。"

[1] 理查德·鲁梅尔特. 好战略，坏战略 [M]. 蒋宗强，译. 北京：中信出版社，2012.

乔布斯没有说简单的增长目标或市场份额目标，也没有矫揉造作地说通过某些手段就能奇迹般地让苹果公司主导个人计算机市场。与之相反，乔布斯真正在意的是下一个"机会之窗"。

想必大家都还记得小米公司创始人雷军先生的那句名言："站在风口上，猪都会飞。"为了避免大众的误读，雷军专门在自己的微博上对此加以解释："我引用这句话，是为了说明创业成功的本质是找到风口，顺势而为。"

事实正是如此，亚马逊公司的蓬勃发展与当时的互联网技术迅猛发展的风口息息相关；苹果公司的涅槃重生和小米公司的快速生长，都深度依赖于智能手机兴起的风口；美团和字节跳动公司的快速破局，也离不开移动互联网、4G 和 Wi-Fi 等技术迅速普及的风口……这些都是单一要素发生了十倍速变化带来破局点的实例。

击穿破局点：单一要素最大化

在找到十倍速变化的单一要素作为破局点之后，下一个亟待解决的问题便是如何击穿破局点。所谓击穿，是指突破"阈值"。

西方经济学对"阈值"的定义是：在两个相关经济要素中，一个经济要素对另一个经济要素能够产生影响所必需的最小变化量或变化幅度。如果小于这一变化量，前者对后者的变化不会产生作用或影响。这两个经济要素之间的关系被称为"阈值效应"。

生活中有很多这样的例子，比如要想让水沸腾，就需要将水加热到100℃，即便只差1℃，也得不到真正的开水。换言之，如果将水的沸腾状态表述为"1"，则99℃的水温也只能约等于"0"。

在这个案例中，水温达到100℃是击穿阈值的"阈值临界点"，击穿了就是1，没有击穿就是0。要么全有，要么全无。人生也是如此，很多人说："我很努力，为什么不能成功？"很可惜，没有击穿阈值，自然永远无法拥抱成功。如果击不穿，永远被禁锢在一个低水平的重复里，一旦击穿了，才会有一个全新的世界和空间等着你。击穿阈值之前，遍地都是红海，击穿阈值之后，一花一世界。

击穿阈值的突破点可能是很小的一个点，或者说是最小切口，比如水温或个人的某项能力等，击穿的过程是不断地集中资源投入最小切口的过程，当力出一孔的投入达到一定程度时，量变产生质变，最终便击穿了阈值。

我们再来看看投入产出比。击穿阈值之前，你投入1，产出的可能是1/10，产出远低于投入，但是一旦击穿阈值，你的投入是1，产出的就很有可能是10，这便是"十倍速变化"的秘密所在。一旦突破了最小切口的阈值效应，你将收获巨大的回报。

当然，击穿阈值需要极大的能量，但是任何企业的资源和条件都是有限的，如果像撒胡椒面一般多处平均用力，当任何一点都无法突破阈值时，前期的投入很容易付诸东流。在这种情况下，我们应该怎么办？

关于这一点，华为的创始人任正非曾经提出了一个口号叫"饱和攻击"，我非常赞同他的这个说法。任何一个企业的资源都是有限的，如果把最核心、最主要的战略方向确定之后，就要把所有的精兵强将、发展资源调配上去，饱和攻击，聚焦在这一点上，先在这一点上取得突破；待击穿阈值后，让其产生自发增长的动力，从而带动其他要素，形成正向循环。

我相信大家应该都听说过木桶理论，简单来讲，一个木桶能盛多少水取决于它的短板。芒格坚决反对木桶理论，他认为那些取胜的系统，没有一个是因为自己的短板取胜的。取胜的系统往往在最大化一个单一要素和最小化所有其他要素上，会走到近乎荒谬的极端。

所以，他提出一个模型叫"最大化模型"[1]，也就是聚焦此前系

[1] 查理·芒格，彼得·考夫曼. 穷查理宝典 [M]. 李继宏，译. 北京：中信出版社，2016.

统中的一个核心要素，重度投入资源，击穿阈值，让它生长为全新的系统。我们称之为"单一要素最大化"，即发现某一个十倍速变化的单一要素，聚焦重度投入资源，击穿阈值，最终将其生长为第二曲线的全部。

硅谷企业家和作家埃里克·莱斯（Eric Ries）在《精益创业》[1]一书中提到这个方法论时，将其称为"放大式转型"，即重新聚焦在以前产品的一项功能上并将其放大为一个整体。

> 马斯克曾在公开演讲中，表达了他对曾经走过的一些弯路的反思："管理 PayPal 最重要的领悟来自于它的诞生过程。我们原打算用 PayPal 提供整合性的金融服务，这是一个很大、很复杂的系统。结果，每次在向别人介绍这套系统时，大家都没有什么兴趣。等到我们再介绍系统中有一个电子邮件付款的小功能时，所有人对此都很有兴趣。于是，我们决定把重点放在电子邮件付款功能上，PayPal 果然一炮而红。"

PayPal 曾经取得的辉煌，无疑得益于克制。PayPal 将重点力量从大而复杂的金融服务系统中抽出，转投到电子邮件付款功能的单一要素中，最终使其成长为企业的第二曲线。

再来看看苹果公司的经典产品 iPod。苹果公司原创意总监

---

[1] 埃里克·莱斯. 精益创业 [M]. 吴彤，译. 北京：中信出版社，2012.

肯·西格尔（Ken Segall）在《疯狂的简洁》[1]一书中，将乔布斯的成功因素归纳"简洁"。书中是这样描述苹果公司的："在很多领域，苹果公司并没有真正地从零开始发明产品。苹果公司吸纳了原本比较复杂的东西，巧妙地把它们变成简洁的东西。"

　　以 2001 年 10 月投入市场的 iPod 为例。乔布斯当时想要寻找一款功能简单的音乐播放器，iPod 因此诞生。在 iPod 设计之初，乔布斯会浏览用户界面的每一个页面，并且会做严格的测试：如果找某一首歌或使用某项功能，按键次数超过 3 次，乔布斯便会非常生气。为了将简洁做到极致，乔布斯甚至还要求 iPod 上不能有开关键。

　　当时与 iPod 同时期推出的还有索尼公司的一款产品，名叫 Sony Clie，主要定位为个人数字助理（见图 2-5）。这款产品是索尼的集大成之作，将各种高端技术融为一体，可以听歌、录像、上

Sony Clie

Apple iPod

图 2-5　Sony Clie 和 iPod 的外观对比示意图

---

[1] 肯·西格尔 . 疯狂的简洁 [M]. 王岑卉 , 译 . 北京：北京联合出版公司 , 2013.

网……但最终这款"万能"的产品败给了功能单一的 iPod。2004 年 6 月，Sony Clie 退出欧美市场，并于 2005 年 2 月停止在日本的生产和销售。

iPod 的胜出与 Sony Clie 的败北再次印证了单一要素最大化的重要性。复杂并不意味着成功，聚焦单一要素并将其做到极致才是成功的关键所在。只要击穿阈值，就能打开一个全新的世界。

Netflix 的单点破局

迄今为止，Netflix 已经经历了 3 条发展曲线。1997 年成立时，Netflix 是一家 DVD 产品的线上租赁公司，这是它的第一条曲线。2007 年，Netflix 开始转型从事流媒体，把互联网交易的平台变成了播放的平台。从 2013 年开始，Netflix 逐渐转型成一家内容制作公司。

在第六章中，我将重点用 Netflix 的流媒体案例讲解第二曲线。在本章中，我想用 Netflix 的第三曲线来解读单点破局（见图 2-6）。

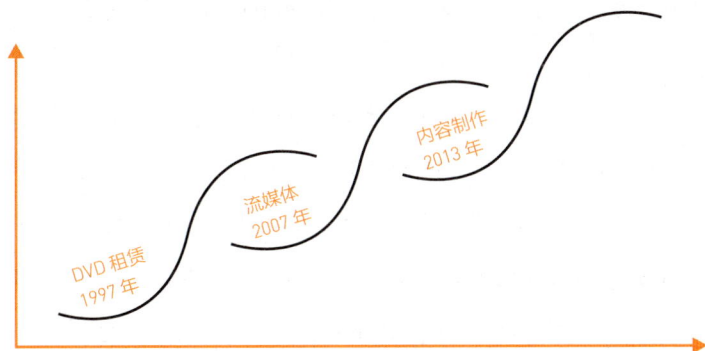

图 2-6　Netflix 的第三曲线

2008 年，Netflix 与内容供应商 Starz 电视网达成了为期 4 年的合作协议，Netflix 每年向 Starz 支付 3000 万美元的版权费用，让 Netflix 用户可以在自己的平台上直接观看迪士尼和索尼公司的影片。

但在 2011 年 9 月，Starz 想要提高版权的价格，从原来的 3000 万美元提高到 3 亿美元，涨价幅度高达 10 倍，一个十倍速变化的单一要素出现了。

对 Netflix 来说，面对这种巨大的成本涨幅只有两个选择：一是继续合作，即使涨价了 10 倍也购买版权；二是自己去做原创内容。自主创作原创内容的难度很大，而且 Netflix 之前只是一家技术型公司，在内容方面并不具备优势。

关键时刻的选择体现了 CEO 的综合能力。关键时刻，哈斯廷斯决策的依据是什么？什么是当时的"一"？ 答案是原创内容成为十倍速变化的单一要素。所以，Netflix 果断地选择了自主创作原创内容这条路。从此，原创内容就成了 Netflix 的第三曲线。

2011 年年底，Netflix 开始主推自己的原创内容。2013 年，Netflix 投资 1 亿美元推出网剧《纸牌屋》。当时，用 1 亿美元投资一部电影已经算是大投入了。也就是说，里德·哈斯廷斯（Reed Hastings）用拍电影的资金投入，拍网剧。尽管当时 Netflix 缺乏在影视剧制作方面的经验，但是作为一个内容平台，它非常理解用户的喜好。

在影视制作方面，Netflix 通过用户收藏、推荐、回放、暂停，以及用户的搜索请求等行为，预测出凯文·史派西、大卫·芬奇和 BBC 出品 3 种元素结合在一起的电视剧产品将会大火。于是《纸牌屋》的男主角是史派西，大卫·芬奇则是第一季导演。

在影片宣传发行方面，相比传统电视网"预订→试播→全季预订→周播→续订"的模式，Netflix 采取整季预订整季上线的模式，让用户在上线当天开启连续收看的"马拉松"。而且，完全没有广告！

《纸牌屋》改变了一切，让一个初出茅庐的技术型公司一战成名，不仅获得了 9 项艾美奖提名，并最终获得 3 个重量级奖项。该剧也成为 Netflix 经营方向上的关键转折点，从此走向注重原创内容的全新模式。

当然，在这个过程中，Netflix 管理层的勇气也是重要的促进因素。作为一家依靠技术优势发展起来的企业，想要在内容方面赢得市场的青睐，并不是一件简单的事情。我相信，Netflix 的高层管理者在不断提升原创内容方面预算的时候，内心也是犹豫不决和焦灼不安的。即便如此，在影视剧投资方面，Netflix 也从未吝惜过资本的投入（见图 2-7）。

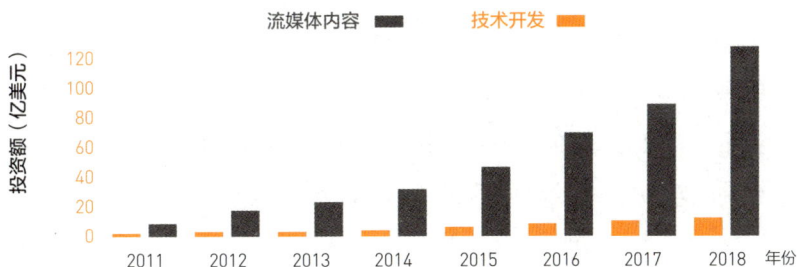

图 2-7　Netflix 内容与技术投资额度对比

图片来源：华尔街日报。

从 2011 年开始，Netflix 在内容方面的投资就已经超过了在技术方面的投资。2017 年，Netflix 全年营收 117 亿美元，在电影和电视节目方面投资 389 亿美元。截至 2018 年，Netflix 在原创内容上的投资额达到 120 亿~130 亿美元，而对比同期的 HBO，在原创内容上的投入仅为 25 亿美元。实际上，Netflix 已经成为全球最大的娱乐供应商。高盛预计，2022 年，Netflix 在内容方面将投入 225 亿美元，这要比所有美国网络和有线电视的投入总和都要高。

2018 年，Netflix 推出 82 部自制电影、700 集自制或独家电视剧，而同期著名的影视剧制作公司华纳兄弟和迪士尼，分别只有 23 部和 10 部。

大量的原创内容为平台赋予了充足的活力。对内容平台来说，影响运营效果的最重要的因素就是用户的转移。如果购买版权，就意味着其他平台可能也会拥有一样的内容资源，在这种环境下，用户的转移会频繁发生。

而 Netflix 的内容都是通过独家授权或自主原创的方式产生的，在不对外销售版权的前提下，内容都是 Netflix 平台独有的，因此用户与 Netflix 的黏性自然牢不可破。从某种程度上讲，这就是单一要素最大化或者说单点破局带给企业的极致竞争力——把原本只是第一曲线一点点分量的"原创"，变成第二曲线的重点和未来。

2018 年，作为后起之秀的 Netflix 在获得艾美奖提名方面，居然超过了 HBO（见图 2-8）。这是一个关键性的转折点，其投拍的电影《罗马》，荣获 2018 年奥斯卡的最佳导演奖、最佳外语片奖和最佳摄影奖。Netflix 平台上 2018 年发布的影视作品中，约 51% 为 Netflix 的自制内容，这也使得 Netflix 影视库中的自制内容占比达到 11%；作为对比，APV 和 Hulu 这两家的合并自制内容占比仅为两家影视库内容总和的 1%。

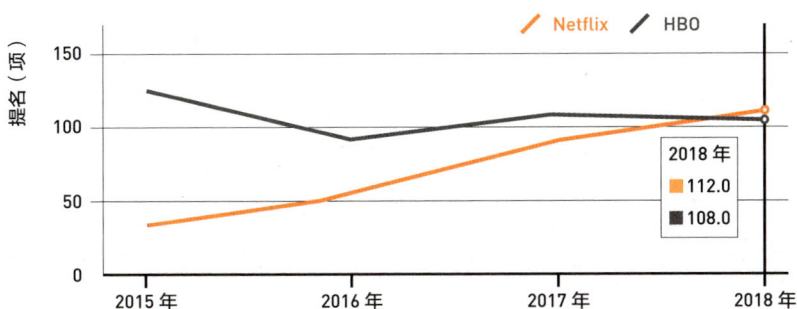

图 2-8　Netflix 与 HBO 获得的艾美奖提名数对比示意图

资料来源：Academy of Television Arts & Sciences。

Netflix 这个案例令人印象深刻的是：单点破局，坚决做减法。其商业模式、收入模式、增长模式都非常简单，只有流媒体付费一种主营业务，甚至连其他内容平台赖以为生的广告业务都不存在。

Netflix 的制胜法宝是尽量保持专注，集中精力做好内容，虽然在发展过程中，Netflix 也曾经尝试在硬件、技术服务等方面寻求新的突破，但最终全部放弃了。即使电视盒子 Roku 已经成功了，但 Netflix 还是将其从企业中拆分出去，建立了独立的公司。从 1997 年成立到 2017 年，Netflix 没有做出任何收购动作。直到最近，Netflix 收购 Millarworld，仍然是为了投资漫画内容领域，以此对抗漫威。

Netflix 的增长指标只有一个，那就是付费用户，不是收入，不是利润，甚至不是正向现金流。其商业模式就是：收入 = 用户数 × 年费。凭借简单的商业模式，2018 年第一季度，Netflix 的收益达到 140 亿美元[1]。

在单点破局的模型下，Netflix 唯一的获客成本就是独家的原创优质内容，只要确保高质量内容的持续输出，就可以实现用户的持续增长和长久留存。Netflix 的优质原创内容就是增长引擎，高投入等于好内容，好内容等于多用户，所以高投入等于多用户。用简单粗暴来形容这种发展模式最为贴切。为了确保高质量内容的持续产出，Netflix 不惜举债投资，长期的全部押进，很少去考虑现金流的问题。

2018 年，Netflix 在内容方面投入 120 亿美元，而 Netflix 在 2018 年上半年负债 83.42 亿美元，净利润 6.74 亿美元，经营活动现金流为 -7.55 亿美元。哈斯廷斯说："Netflix 每年借债数十亿美元的现象，还会持续数年。"他认为，公司账面上的现金越多，说明创新动力越不足，他要进取到让自己"毛骨悚然"的程度。

这种近似疯狂的单点破局方式促使 Netflix 获得了飞速增长。2017 年，Netflix 实现了一个曾经似乎不可能实现的目标：Netflix 用

---

[1] Netflix 单用户 ARPU 值 120 美元 / 年，2018 年第一季度全球订阅用户 1.25 亿。

户数量超过了美国有线电视用户总数（见图 2-9）。

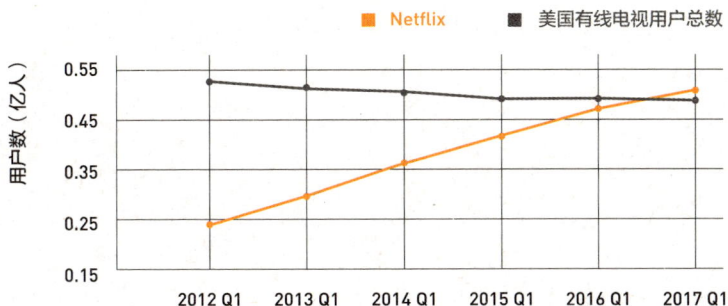

图 2-9　Netflix 用户数量与美国有线电视用户总数对比

资料来源：Leichtman 研究小组。

2018 年，Netflix 全球在线视频收入 426 亿美元，首次超过全球电影票房（411 亿美元）。Netflix 已经成为第一个全球化的互联网电视平台。2018 年 5 月 25 日，Netflix 市值 1526 亿美元，首次超过迪士尼的市值（1518 亿美元）。Netflix 的标签——"世界最大的流媒体公司"中的"流"字可以拿掉了。

Netflix 的竞争对手是谁？哈斯廷斯的野心有多大？著名投资人罗斯·嘉宝评价道，现在好莱坞硝烟弥漫，而交战双方正是 Netflix 模式和好莱坞模式。原来哈斯廷斯的竞争对手不是其他视频网站，也不是有线电视台，而是整个好莱坞。一个巨大的野心建立在单一要素之上，投入所有的资源，甚至不惜举债投入，"杀气腾腾"地单点破局。容易的时代过去了，我们一定要开始适应难而正确的事情。

第三章

错位竞争：与其更好，不如不同

"组合"与"组合"之间的错位，是"创业的第一法则"。创业者真正应该做的，是通过独立思考找到技术与市场全新的组合方式，搭建"新兴价值网"，在独有的生态位里发挥优势、成为领军者，充分享受创新红利。

　　在前文中，我们将熊彼特的创新方法论归结为"旧要素的重新组合"，也可称之为"组合创新"。企业一旦选择了基本要素并完成了组合，也就选择了自己的生存环境或生态位 [1]（Ecological Niche）。我们将会在后文中详述"你所拥有的，往往就会变成制约你的"，换言之，企业一旦选择了生态位，也会反向被其生态位禁锢，这将决定企业的成败。

　　在克里斯坦森的眼中，技术和市场没有所谓的颠覆，只有技术和市场的新组合才具有颠覆性。这里大有熊彼特的组合创新的味道，而所谓的新组合就是"价值网"。一旦选择了基本要素并完成了组合，企业也就选择了自己的价值网，即企业的生态位。

　　为了更好地理解"价值网"理论，我将其进一步简化（见图3-1），其中纵向供给端代表技术，分为主流技术和新兴技术两类；而横向的需求端代表市场，分为主流市场和新兴市场。

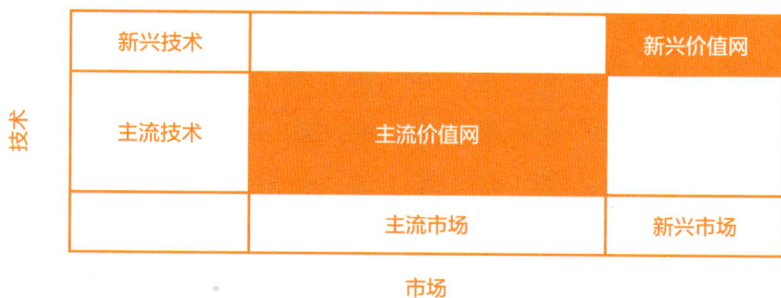

	新兴技术			新兴价值网
技术	主流技术	主流价值网		
		主流市场		新兴市场
		市场		

图 3-1　价值网体系示意图

---

[1] 生态位是指一个种群在生态系统中，在时间、空间上所占据的位置及其与相关种群之间的功能关系与作用。生态位又称生态龛，表示生态系统中每种生物生存必需的生境最小阈值。

从图 3-1 中我们可以看出，在价值网理论中，最先出现的是为主流市场和客户服务的主流技术，它们创造了最大的价值网，我称之为"主流价值网"，它占领了市场的绝大部分份额。而为新兴市场和边缘客户服务的新兴技术构建起一个相对较小的价值网，即"新兴价值网"，这里存在双重风险，既有市场竞争的风险，也有技术成熟性的风险。

说到这里，我们不妨思考一个问题："初创企业的机会存在于主流价值网中，还是新兴价值网中？"答案显然是后者。毫无疑问，每一个主流市场都有先行者，它们有些顺利地占据消费者心智，成长为所谓的"在位企业"。在位企业已经占据最肥美的主流价值网。初创企业要想获得生存空间，最好的选择便是依靠新兴技术与新兴市场的全新组合，进入新兴价值网，这里能为初创企业带来最大的回报。

主流价值网和新兴价值网存在较为明显的差别。在主流价值网中，市场空间是既定的，已有较为成熟的盈利模式和企业，市场的潜在风险较低，但竞争风险较高。初创企业要面对的是一个又一个的行业"巨无霸"，要想和"在位企业"一较高下，只能凭借特别突出的效率或执行力。

在新兴价值网中，市场的潜在风险较高，无法准确预估市场的规模和未来的发展方向，但是竞争风险低，初创企业成功的概率更大。因此，我认为新兴价值网"几乎是初创企业唯一的机会窗口"。需要提醒大家的是，新兴价值网的市场规模并不是恒定的，它很有可能成为未来的主流价值网，而初创企业也有可能坐享市场"蛋糕"

变大的红利，成为让后来者望而却步的在位企业。

遗憾的是，很多创业者并没有意识到这一点。他们看不到新兴价值网，或者说看不上新兴价值网；他们眼中只有现有的、肥美的主流价值网。在巨大利润的诱惑下，这些创业者宁可摩拳擦掌与那些行业巨头正面较量，正面对抗顶级对手，明知不敌也要亮剑，血溅五步也在所不惜。我个人认为，在创业层面，这种正面竞争方式只是一种匹夫之勇，实不可取。创业一定不要靠激情，那是毫无意义的，创业需要冷静思考。

大家常说创业需要冒险，而"现代管理学之父"彼得·德鲁克（Peter Drucker）在其著作《创新与企业家精神》[1]中说："创业之所以含有风险，其主要原因是在所谓的企业家中，只有极少数人知道自己在干什么。他们缺少方法论，并违背了基本且众所周知的规则，高科技企业家尤为如此。"

在德鲁克看来，创业者需要的并不是勇于冒险的精神，而是一套科学的创业方法论。而克里斯坦森在其《创新者的窘境》[2]一书中，恰好为众多创业公司提供了一套提高创业成功率的方法，即率先采用破坏性创新的方法，进入新兴价值网，从而有效地提升增长业务的成功概率。

他的研究中有一组数据，包含了 1975—1994 年近 20 年的时

[1] 彼得·德鲁克. 创新与企业家精神 [M]. 蔡文燕，译. 北京：机械工业出版社，2007.

[2] 克莱顿·克里斯坦森. 创新者的窘境 [M]. 胡建桥，译. 北京：中信出版社，2010.

间里，全球硬盘驱动器行业的各个企业每年推出的各种硬盘驱动器的技术和性能规格。通过认真回顾硬盘驱动器行业技术变革的历史，克里斯坦森得出了创新成功的大数据规律[1]（见图3-2）。

选择战场	成功率	收入规模
新兴价值网（破坏性创新）	37%	620 亿美元
主流价值网（跟随策略）	6%	33 亿美元

图 3-2　创新企业成功的大数定律

　　克里斯坦森发现，如果创新企业进入主流价值网，与在位企业正面直接竞争，成功率大概是 6%，但如果创新企业能够开创一个全新的价值网，率先进入新兴市场，成功率会提高 5 倍以上，达到 37% 左右。这是成功率的对比，对创业者来说，这个数据很有价值。

　　再来看收入规模的对比，克里斯坦森发现，进入主流价值网的磁盘企业在近 20 年的时间里，创造了约 33 亿美元的销售收入；而进入新兴价值网的磁盘企业，在同样的时间段中创造了约 620 亿美元的销售收入。单从收入规模的角度而言，二者存在近 18 倍的差距。

[1] "大数定律"又叫"大数概率"，发现者是瑞士数学家雅各布·伯努利。该定律是指随机事件大量重复出现，几乎呈现必然的规律。通俗地说，在试验条件不变的前提下，重复试验多次，随机事件的频率近似于它的概率。换言之，偶然中包含某种必然。

错位竞争法则

我将克里斯坦森的研究结果提炼为"错位竞争法则"：与其更好，不如不同。所谓"错位"，是指创新企业在技术和市场两大要素上的组合方式，与在位企业的组合方式之间存在明显的不同，即你的"组合"与在位企业的"组合"之间的错位。在我看来，这是"创业的第一法则"。错位竞争是混沌学园最欢迎的 3 个模型之一，也是初创企业寻找自己最佳切入点的思考模型；同样地，个人也可以利用这个模型寻找自己的职业发展方向。

德国生物学家恩斯特·迈尔（Ernst Mayr）的著作《生物学思想发展的历史》[1] 中也有类似的表述："在很多情况下，取得成功仅仅是由于变得与众不同或更加不同，这样就减少了竞争。达尔文提出性状趋异原则 [2] 时就清楚地了解这一点，它促进不断变化，但并不一定是进步。"某一物种得以生存的真正原因，不一定是它比其他物种更强壮，而在于它与其他物种之间存在明显的不同。

这也印证了前面提到的生态位概念。在大自然中，凡存在者都有自己的生态位。亲缘关系相近的、具有同样生活习性的物种，不会在同一个地方竞争同一生存空间。若同时在一个区域，则必有空

---

[1] 恩斯特·迈尔. 生物学思想发展的历史 [M]. 涂长晟，等译. 成都：四川教育出版社，1990.

[2] 在地理位置上重叠分布的两个物种，某些性状表现出明显差异的现象。

间分割。即使弱者与强者共处同一生存空间，弱者仍然能有生存的空间，没有两种物种的生态位是完全相同的。

如果我们将生态位的思维应用到企业，会发现很多人的做法违背了这个规则。他们把正面竞争和击败竞争对手作为出发点，事实上完全没必要，我们的目的是让自己活得更好，而不是战胜别人。

创业者真正应该做的事情是，通过独立思考找到技术与市场全新的组合方式，搭建一个新兴价值网，在独有的生态位里发挥优势、成为领军者，充分享受创新带来的红利。所以，德鲁克说："小企业的成功依赖于它在一个小的生态位中的领先地位。"也就是"与其更好，不如不同"。

看到这里，大家可能会认为小的初创企业需要错位竞争。那么，巨头企业是否需要错位竞争呢？

如今的中国互联网巨头之一腾讯，在早期的发展过程中也走过一些弯路。对此，马化腾进行过十分深入的总结："我们过去其实有很多失败的案例，比如搜索。我们的团队完全照着百度来，人家有什么我们就有什么，没有想到别的路径。搜狗就很聪明，它们拼搜索拼不过百度，就拼浏览器。浏览器靠什么带动？输入法。输入法带浏览器，浏览器带搜索，迂回地走另外的路，就比我们做得好。人家花的钱是我们的1/3，最后（取得的成效）是我们的2.5倍。

"像我们电子商务原来的团队是照淘宝做，做来做去，越做越没希望，一模一样的东西很难（胜出）。包括微博，我们下大力气做腾讯微博，也没有超越新浪微博，始终没办法突破。最后发现让新浪微博绝望的不是腾讯微博，而是微信，特别是加了朋友圈（功能）之后。

"……这个东西也给了我们启发，打败微信的肯定不会是另一个微信，肯定是另外的更好玩的应用，它会让用户用掉所有的时间。"

这段讲话来源于马化腾于 2013 年 11 月 8 日在中国企业家俱乐部的道农沙龙上发表的主题演讲。将近 7 年的时间过去之后，马化腾当年的预言正慢慢变为现实——如今的字节跳动系，包括抖音和今日头条，正慢慢成长为腾讯的强大对手，给微信带来了巨大的冲击和威胁。

在领先企业已经建立主导性优势的环境中，采取跟随策略的"me too"型产品，绝大多数都会沦为鸡肋。腾讯做过的搜索、电商和微博是这样，马云曾经力推的社交类产品"来往"也是如此。

2013 年 10 月下旬，马云在阿里巴巴内部论坛发帖，强调了移动通信产品"来往"对阿里巴巴的重要性，并宣告"火烧南极"，向正处于快速上升期的微信正式发起挑战。马云甚至在帖子中写道："……谁不参与（这场战争），谁就不该待在这家公司里。因为这是我们每个人可以做的事，这不是战略，这是阿里人在无线时代争取生存权利的努力。"

宁可死在"来往"的路上，也绝不活在微信的群里，这是马云对"来往"的态度。马云向来不缺"亮剑精神"，他曾率领阿里人向国际电商巨头 eBay 亮剑，并趁着对方水土不服、落足未稳之际，向其发起大举进攻，最终取得了那场战役的胜利。

那么，"来往"与微信的这场较量最终结果如何？艾瑞咨询发布的《2014年Q3中国移动社交通信研究报告》显示，2014年第三季度，微信的月活跃用户数量是3.86亿，占有81%的市场份额，排在第二的是腾讯的另一款社交产品手机QQ，月活跃用户数量为3.74亿，而"来往"的月活跃用户数量是438万，连微信的零头也不及，市场份额占比仅为0.92%，在全国同类产品中排第15位。

为什么运营能力强悍如阿里者，集全公司之力推"来往"，也没有获得成功？这是因为阿里的基因是To B的，而依靠即时通信业务起家的腾讯拥有的是To C的基因，它在社交领域有着深厚的技术优势、用户基础和品牌影响力，属于不折不扣的"在位企业"。还记得前面提及的数据吗？与在位企业巨头正面直接竞争，成功率大概是6%，竞争结果不言自明。我非常喜欢《定位》[1]中的一句话："任何公司向巨头已经占据的领先地位正面直接发起挑战，都无望获得成功。"

再强调一下，你选择了你的生态位，你就会被生态位禁锢。在"来往"失败之后，马云痛定思痛，决定绕过微信，将突破口错位定于To B智能移动办公平台，"钉钉"应运而生。

---

[1] 1969年，美国的两位营销大师艾·里斯和杰克·特劳特为《工业营销》杂志写了一篇文章，题为《定位：同质化时代的竞争之道》。

最早的"钉钉"，功能极其简单，它就是公司内部员工的沟通工具，兼具上下班打卡功能。当时的马云已经将问题想得十分明白：正面进攻微信牢牢占据的 To C 市场纯属自寻死路，而在 To B 市场，却没有一个能够横扫行业的超级工具。"钉钉"从一出现，就以一种破局者的姿态闯入企业级服务市场，一发不可收拾。

2015 年 1 月，"钉钉"1.0 版本正式上线，此后势如破竹，年底已坐拥 100 万家企业客户。2019 年 4 月 17 日，毕马威和阿里研究院联合发布《百年跃变：浮现中的智能化组织》报告。报告显示，智能移动办公软件市场逐渐向头部聚集，"钉钉"以破亿的用户总数，比第二名到第十名活跃用户数的总和还高，占据市场绝对领先地位。用户覆盖近 200 个国家和地区，活跃用户数增幅为 400%，组织数增幅为 500%。

在短短 4 年的时间里，"钉钉"就像是一颗钢钉，深深地插入 To B 市场，稳稳地占据了该市场的头把交椅，其功能也从最早的聊天、打卡，进化到解决办公场景中的其他需求，打造了属于自己的新兴价值网。

"钉钉"植根于商业环境的土壤，相较于"来往"对社交功能的执念，更符合阿里巴巴 To B 的基因和使命，这也是"来往"失利而"钉钉"成功的原因之一。其实，人生和职场的成长也是如此，只有找到自己的赛道，求同存异，才能走得更快、更稳。正如加州大学洛杉矶分校管理学院的教授鲁梅尔特在《好战略，坏战略》一书中所述的好战略的其中一个标准："找到一个能够扬长避短的领域，放大你的优势，同时让你的劣势变得不那么重要。"

　　仅看腾讯和阿里巴巴的案例，或许有人会说："它们财大气粗，拥有丰厚的资本底蕴和人才储备，对创业公司来说，借鉴意义不大。"为了增强说服力，我们不妨看看当年的美团——一个典型的小微创业公司，如何通过错位竞争成长为今天的中国互联网第三极[1]。我将从美团团购和美团酒旅两个方面的业务分别进行阐述。

---

[1] 2019 年 5 月，百度和美团点评相继公布了第一季度财务报告。受此影响，百度股价暴跌，截至 5 月 24 日休市，百度市值为 400.66 亿美元，同期美团点评的市值约合 443 亿美元，二者差距超 40 亿美元。单从市值上看，美团点评已暂超百度，成为中国互联网的第三极。

美团团购的错位竞争

在团购兴起之前，中国互联网电商第一巨头毫无疑问是阿里巴巴。王兴在 2010 年创立美团之初就在思考，如何与阿里巴巴错位竞争并明确了自己的发展道路：绕开当时已被阿里巴巴占位的主流价值网，不与巨头正面交战。为此，美团提出两个错位竞争的理论：一是三横四纵模型（见图 3-3）；二是 AB 分类法。

	资讯	交流	娱乐	商务
搜索	百度	腾讯	盛大游戏	阿里巴巴
社交	新浪微博	人人网	开心网	？
移动	？	？	？	美团

图 3-3 美团的三横四纵模型示意图

在美团的三横四纵模型里，"四纵"主要是指互联网用户的需求发展方向，包括资讯、交流、娱乐与商务，"三横"则是指搜索、社交、移动互联网等互联网技术变革的方向，它们分别对应我们常说的 Web 1.0、Web 2.0 和 Web 3.0。

纵观中国互联网的发展历程，每隔几年就会出现一次巨大的技术变革，从搜索、社交到移动，逐渐影响"四纵"领域。每当一个新技术浪潮出现时，在"三横四纵"的交会处，就会出现创业者进入的机会。

为了避开与巨头的直接竞争，早期美团选择了用 Web 2.0 的方式做商务，也就是一个新的电商，所以取名为"美团"，当然后来给美团带来巨大成功的不是 Web 2.0，而是 Web 3.0。我们再来看看美团通过"三横四纵"找到错位竞争的方向后，是如何通过 AB 分类法更加细化地选择切入点的。

2017 年 12 月 13 日，美团点评高级副总裁王慧文在"2017 亿欧创新者年会暨第三届创新奖颁奖盛典"上，做了题为《对互联网的一点点认知》的主题演讲。在演讲中，王慧文从偏传统互联网特征的角度，对行业进行了"AB 分类"。

"如果只切一刀，我们认为要把整个互联网分成两类，A 类是供给和履约在线上，B 类是供给和履约在线下。上面是 A，下面是 B，A 和 B 的面积大小是有差别的（见图 3-4）。

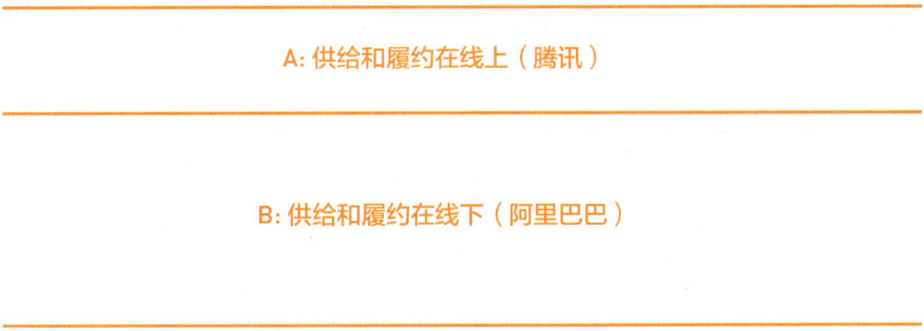

A: 供给和履约在线上（腾讯）

B: 供给和履约在线下（阿里巴巴）

图 3-4　AB 分类法示意图（1）

"A 是视频类网站、直播、在线游戏等；B 是淘宝网、京东商城等，美团点评大部分业务也属于 B……如果我们必须再切一刀，我们可能会得到下图（见图 3-5）：A 的部分没有变，B 则分出了 B1 和 B2。

A: 供给和履约在线上

B1 实物电商 （阿里巴巴）	B2 生活服务电商

图 3-5 AB 分类法示意图（2）

"B1 是以库存量单位为中心的实物电商，B2 是以定位为中心的生活服务类电商。为什么这两个要分开？因为它们的信息组织模式、产品的交互流程、业务经营方法会有非常大的区别……

"如果 B2 再细分一个颗粒度，给 B2 再切一刀是什么样子的？基于定位，有消费者的定位，以及供应方的定位，定位动不动是非常重要的要素（见图 3-6）。"

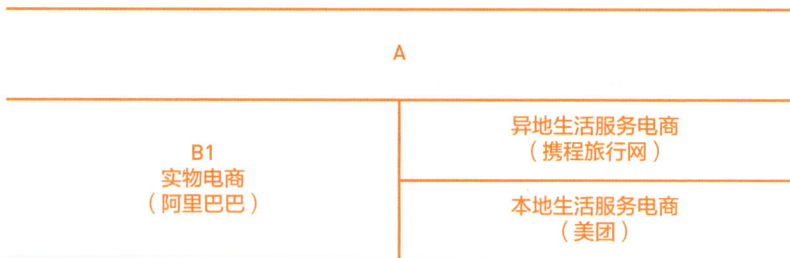

A

B1 实物电商 （阿里巴巴）	异地生活服务电商 （携程旅行网）
	本地生活服务电商 （美团）

图 3-6 AB 分类法示意图（3）

图 3-4~ 图 3-6 体现的是美团 AB 分类法的变迁。在图 3-4 中，美团将自己归于 B 类，但是 B 类已被阿里巴巴占位。为了错位竞争，美团在图 3-5 中对 B 类又做了细分，将阿里归于以库存量单位为中心的实物电商，而将自己划入以本地生活为中心的生活服务电商。表面上看，市场越切越小，实际上无论从任何哪个点深入，只要击穿阈值，都有大市场。

我们在竞争中经常会有错觉，认为眼睛看到的世界就是全部，错把在位企业的生态位等同于全部行业的生存空间，这是平面、静态的思维。错位竞争就是通过不同组合找到特有的生态位，也就是找到企业的生存空间。

所以，我们用错位竞争来分析美团团购（见图 3-7），阿里巴巴选择的是 Web 1.0 的实物电商，属于主流价值网，而美团主动选择了 Web 2.0 的生活服务电商，属于新兴价值网。

Web 2.0		新兴价值网
Web 1.0	主流价值网	
	实物电商	生活服务电商

图 3-7 美团团购的错位竞争示意图

或许有人会问："为什么美团选择的是本地生活服务团购，而不是实物团购？新兴价值网的市场这么小，值得进入吗？"美团进入新兴价值网，原因有以下 3 点。

1. 打不过巨头

在《九败一胜：美团创始人王兴创业十年》[1]一书中，李志刚记录了王兴的这样一段话："实物团购选品、价格、物流等都一定要有明确的体验优势，如果没有，肯定打不过淘宝网，淘宝网有非常大的流量，你做的事情它也能做，因为用户的交易行为都是一样的。如果要和聚划算差异化竞争，那么就必须自建物流，保障良好的用户体验。

"在竞争对手更偏好实物团购的时候，美团一直坚守以服务类团购为交易主流，实物团购基本控制在总交易额的 10% 以下。仓储、配送环节是美团做不了的，不是美团的价值所在，干脆不做。"

简而言之，美团如果去做实物团购，肯定打不过巨头，这是美团选择本地生活服务这一新兴价值网最重要的原因。

2. 巨头不屑做

生活服务是典型的非标准化商品，更加注重细节运营，毛利率极低，这些"脏活""累活"，巨头们一般看不上。而在王慧文看来，"美团爱上了含金量极低的活儿。一个事情又不怎么赚钱、又难、又慢，BAT [2] 是看不上的。所以美团专门做鸡肋业务，把肥肉留给 BAT。"[3]

---

[1] 李志刚. 九败一胜：美团创始人王兴创业十年 [M]. 北京：北京联合出版公司，2014.

[2] 百度、阿里巴巴、腾讯三大集团的简称。

[3] 出自《中国新闻周刊》2019 年 3 月的深度报道《美团的亏损，为何停不下来》，记者白白。

3. 市场足够大

2013 年 2 月 23 日，王兴在美团三周年内部年会上，发表了名为《千亿销售目标并不激进》的演讲。在他看来，服务业的电子商务有着巨大的市场潜力，淘宝天猫是商品的电子商务，王兴相信服务的电子商务市场是一个规模不逊于商品的电子商务市场，甚至更大。他说："如果大家关注宏观形势，就可以看出 2012 年全国 GDP 和各个产业的分布，我相信 2012 年是第三产业产值小于第二产业产值的最后一年。第三产业就是服务业，它与第二产业工业的产值差距正在飞速缩小。从今年开始，统计报告肯定会是第三产业服务业总产值大于第二产业，而美团恰恰做的是第三产业，是服务业的电子商务。"

我们看完美团坚定不移的错位竞争策略，再来看看同期友商们的选择。易观智库的统计结果显示，在 2010—2011 年的千团大战中，实物团购的占比是 58%（见图 3-8）。

换句话说，在大多数人的常规认知中，国内的团购网站是因为美团的崛起而被排除在市场之外的，事实并非如此。千团大战的硝烟散尽之后，人们发现这些选择做实物团购的网站，实际上并非败于美团之手，而是被阿里巴巴的聚划算打败的。美团则得益于错位竞争策略，完美地避开了巨头的拦截，开辟了一条全新的航道。从这个角度分析，美团能够取得今日的成就，离不开王兴卓越的战略分析能力，在未战之前便先勾画一片全新的天地，这比盲目亮剑的血气之勇重要许多。

在 2010—2011 年的千团大战中，实物团购比例在 50% 以上。

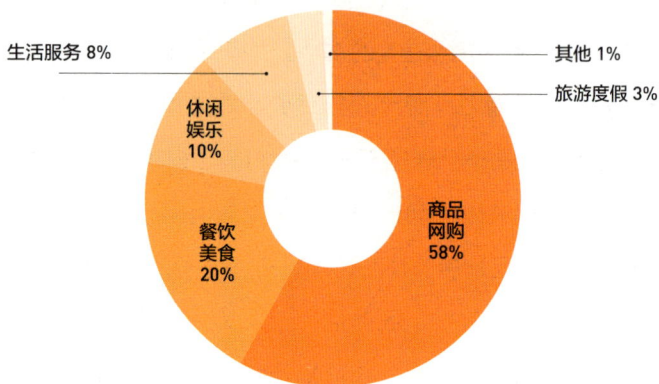

图 3-8　2011 年中国团购成交类目比例

资料来源：Enfodesk 易观智库。

　　2016 年，当时《财经》杂志的记者问王兴："美团和滴滴这样未上市但体量巨大的独角兽公司的出现，是否会使原来以 BAT 为主导的互联网秩序发生变化？"王兴给出了与克里斯坦森极其相似的答案，他认为在互联网领域的竞争规律并没有发生本质上的改变，从来都是这样，不是在原有领域一个人把原来的人替代，而是新的战场在扩大，新的玩家占住了新的战场，创新永远在边缘，但边缘会长大。

美团酒旅的错位竞争

2015 年是互联网企业的并购大年，在这一年中，携程旅行网并购了去哪儿网，投资了艺龙网和同程网。根据梁宁在其课程《产品思维 30 讲》中给出的数据，2015 年，携程旅行网在线住宿市场的占有率是 40.2%，到了 2016 年，这一数值接近 60%，是中国在线住宿市场中当仁不让的第一（见图 3-9）。

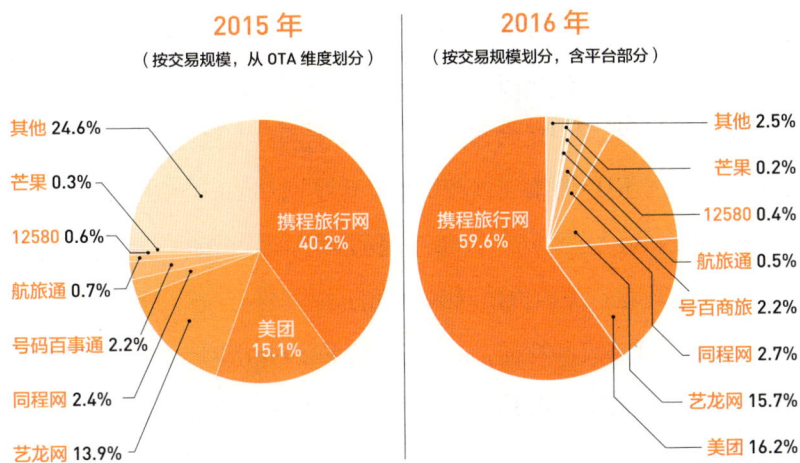

2015 年
（按交易规模，从 OTA 维度划分）

其他 24.6%
芒果 0.3%
12580 0.6%
航旅通 0.7%
号码百事通 2.2%
同程网 2.4%
艺龙网 13.9%

携程旅行网 40.2%
美团 15.1%

2016 年
（按交易规模划分，含平台部分）

其他 2.5%
芒果 0.2%
12580 0.4%
航旅通 0.5%
号百商旅 2.2%
同程网 2.7%
艺龙网 15.7%
美团 16.2%

携程旅行网 59.6%

图 3-9　中国在线住宿市场份额示意图（2015—2016 年）

在这两年中，美团的市场份额基本保持平稳，均为 15% 左右。如果与携程旅行网正面硬拼，美团的胜算很小。为此，王兴再次祭出了看家法宝——错位竞争，在短短两年的时间内，让整个酒旅市场的竞争格局发生天翻地覆的变化。

2013年，美团派出3名产品经理和2名实习生，组成了一支独立小分队。这支小分队的任务是在丽江跑通一个业务小闭环，寻找关键的成功要素。通过这次尝试，美团发现了一个携程旅行网没有覆盖的市场——本地人在本地住宿的需求。

2014年，美团成立了酒旅事业部，建立了独立的供应链团队；2015年，美团建成在线预订酒店系统。两年磨一剑，美团酒旅搭建了自己的新兴价值网。

奇怪的是，携程旅行网对此似乎完全不在意。原因何在？其实这与携程旅行网的基因相关。携程旅行网起家于商旅市场，90%的用户会通过携程旅行网购买机票，45%的用户会在携程旅行网上预订酒店，20%的用户还会在携程旅行网上预订度假产品。商务出行是携程旅行网用户的第一高频场景，也是携程旅行网的主战场。不仅携程旅行网，艺龙网、去哪儿网和同程网服务的都是商旅人群。换言之，它们是在主流价值网中竞争的。

商旅人群的流向特征，是从三线、四线城市向一线、二线城市转移，以出差居多，主要落脚于每个城市的中心区域。而商旅人群的用户画像通常是企业的市场和销售人员，人数规模并不大。事实上，携程旅行网的生态位，也就是商旅人群的需求并不是酒旅的全部，本地人较为旺盛的本地住宿需求亟待满足。

从这个意义上讲，你或许可以理解王兴在2017年接受《财经》杂志采访时给出的说法："在我们入场之前，携程旅行网只有小几万家酒店，还有几十万家没去签，我们去了。"

　　基于王兴对新兴价值网的独到判断，美团酒旅从本地消费做起，从被携程旅行网、去哪儿网等友商忽略的三线、四线城市酒店做起，遵循"错位竞争、侧面进攻"的策略。

　　在短短几年的时间里，美团便发展成为中国最大的在线酒店预订平台。以酒店的间夜量[1]为标准，2015—2017 年，美团的市场占有率一路飙升。2018 年上半年，在线酒店预订行业从异地预订为主逐步转向本、异地场景并举，本地预订占比已超三成；一线城市本地预订已突破 40%（见图 3-10 和图 3-11）。

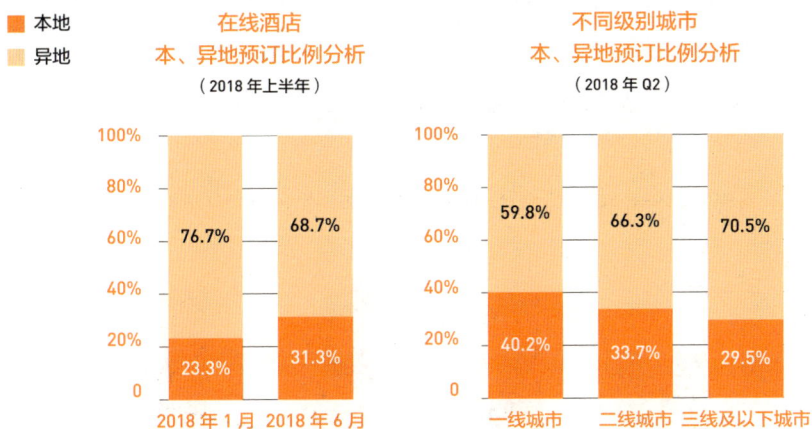

图 3-10　在线酒店本、异地预订比例分析

资料来源：Trustdata：2018 年 Q2 中国在线酒店预订行业发展分析报告。

---

[1] 间夜量，也叫间夜数，是酒店在某个时间段内房间出租率的计算单位。计算公式为：间夜量 = 入住房间数 × 入住天数。

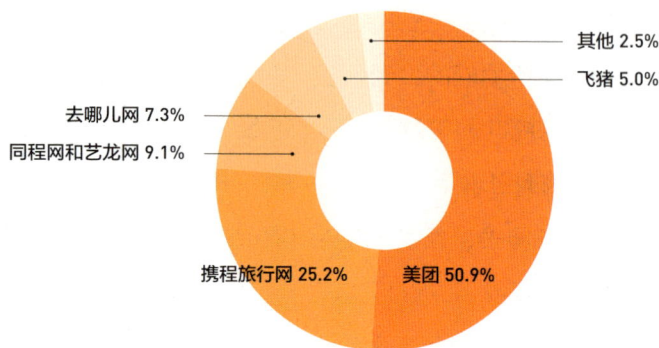

其他 2.5%

飞猪 5.0%

去哪儿网 7.3%

同程网和艺龙网 9.1%

携程旅行网 25.2%　　美团 50.9%

图 3-11　2019 年中国在线酒店预订行业订单占比

资料来源：Trustdata：2018 年 Q2 中国在线酒店预订行业发展分析报告。

　　2019 年，美团酒旅占中国在线酒店预订量的 50.9%，已超过行业其他企业预订量的总和；与此同时，美团酒店的间夜量首次全年持续超过携程系酒店间夜量的总和（见图 3–12）。

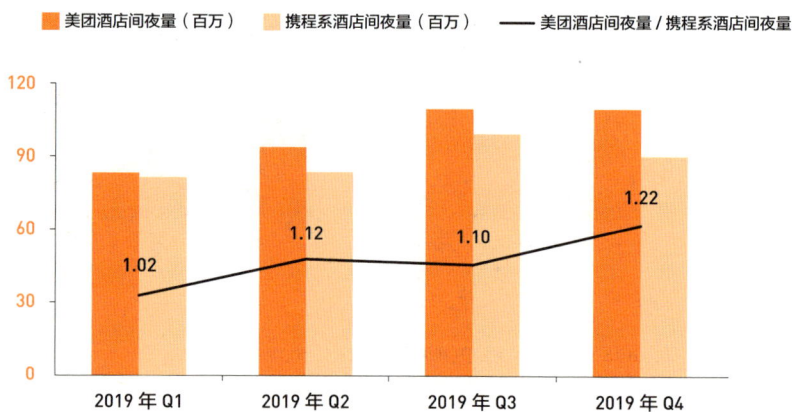

■ 美团酒店间夜量（百万）　　■ 携程系酒店间夜量（百万）　　—— 美团酒店间夜量 / 携程系酒店间夜量

1.02　　1.12　　1.10　　1.22

2019 年 Q1　　2019 年 Q2　　2019 年 Q3　　2019 年 Q4

图 3-12　2019 年美团酒店与携程系酒店的间夜量对比

资料来源：Trustdata：2019—2020 年中国在线酒店预订行业发展分析报告。

对此，梁宁感慨道："美团在 2012 年就发现了本地人在本地预订酒店这个机会，直到 2015 年才有能力去做这件事情。经过了 3 年，携程旅行网也没有打过来，为什么？这就是携程旅行网的边界。我们能做的是努力观察强大对手的边界，在他的边界之外寻找破局点。"

综上所述，美团酒旅的错位竞争，就是错开了携程旅行网占据优势的一线城市、异地需求的主流价值网，选择从三线、四线城市切入本地住宿需求的新兴价值网（见图 3-13），且新兴价值网正茁壮成长为可与主流价值网分庭抗礼的巨大市场。

本地住宿			新兴价值网
异地商旅	主流价值网 （携程旅行网）		
	一线城市		三线城市

图 3-13　美团的错位竞争

因此，请大家记住一句话：错位竞争不是因为弱小而被迫做出的选择，而是让棋盘变得更大的选择。虽然在初始阶段，新兴价值网的市场相对有限，但是市场会成长，越早进入新兴价值网的企业，在市场成长的过程中，自然也越能占据绝对优势。

错位竞争的实质，就是要求企业找到一个相对独特的立足点，从而避开同类型企业竞争的风口浪尖，树立自身独特的用户吸引力。从方法的可操作性来讲，无论头部企业还是创业企业，在经营者具备一定市场认知能力的基础上都可以有效实施。

第四章

低端颠覆：创业者的"理想后门"

从技术水平相对较低但能满足绝大多数用
户需求的低价产品切入，进而成功占据低
端市场，就是所谓的低端颠覆式创新。任
何初创公司向已占据领先地位的巨头发起
正面挑战，都无望获得成功，而低端颠覆
式创新将为初创企业带来更大的胜算。

在第二章中，我们介绍了创新的元模型——S 曲线，并且提出在创新的过程中，会出现第一曲线向第二曲线转换的过程。

事实上，创新模式有两种：一种是在原有曲线上的持续改进；另一种是两条曲线转换时期的非连续性创新。本章甚至是本书重点讨论的是非连续性创新，但在讲解非连续性创新之前，我们先要了解什么是连续性创新。

连续性创新

　　连续性创新是指任何产业、技术、产品、企业，沿着 S 曲线的周期，进行持续性改善、渐进式增长的创新。我们经常听到的延续性创新、渐进性创新和累积性创新等，其实讲的都是连续性创新的概念。

　　我们以技术为例深入理解一下 S 曲线。在技术领域，有关 S 曲线应用的学术论文非常多，大量的论文[1]都验证了同一个结论——任何技术的发展都不能逃脱 S 曲线的宿命（见图 4-1）。

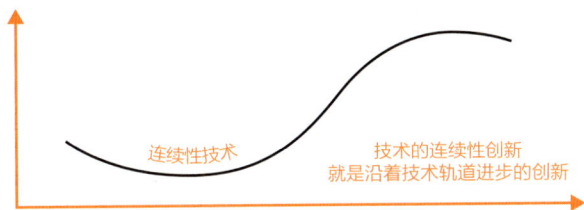

连续性技术　　技术的连续性创新
就是沿着技术轨道进步的创新

图 4-1　技术发展的 S 曲线

[1] Obert Ayres. "Barriers and Breakthroughs:an 'Expanding Frontiers' Model of the Technology-Industry Life Cycle," *Technovation* 7, 1998.

Constant, "log-jams and Forced Inventions" (p. 245), and of "Anomaly-induced" *Technical Change* (pp. 5, 244).

Arthur, "On the Evolution of Complexity," in Complexity, G. Cowan, D. Pines, D. Melzer, eds., Addison-Wesley, Reading, MA, 1994; also Arthur, "Why do Things Become More Complex?" *Scientific American*, May1993.

技术的连续性创新完全符合 S 曲线，它是建立在现有的知识、市场和技术基础设施之上的渐进式创新，并且具有以下 3 个特征。

1. 沿着技术曲线持续改善原有的产品性能

连续性创新是在原有技术主要框架不变的情况下，以效果优化为目的的局部修复或改进。

2. 定位于主流市场的主流消费者

在连续性创新的过程中，企业对原有技术的发展，会基于主流市场迅速地商业化；在获取利益的同时留住顾客，并不断改进技术，让技术起到持续创造商业价值的作用。因此，连续性创新的品牌知名度往往会越来越大，企业的毛利率也会越来越高。

3. 更好

"更好"（Better）是连续性创新的关键词，"更高、更快、更强"的奥运精神便是其最好的阐释。当你在表达这方面的意思时，其实说的就是连续性创新。以"更高"为例，所谓"更高"是相对而言的概念，前提是有一个既定的标准，沿着这个标准更进一步。比如，原本你的跳高最高纪录是 1.5 米，下次跳了 1.6 米，比此前的成绩提高了 0.1 米，这就是典型的连续性创新。互联网上流行过两个励志的公式。

1.01 的 365 次方和 0.99 的 365 次方的对比（见图 4-2）。公式的意思是，每天多做一点点，一年后积少成多就可以实现质的飞跃，但一年中的每天都少做一点点，一年后会跌入谷底。这里讲的 1.01 的 365 次方，涉及的就是连续性创新的概念。

$$1.01^{365} = 37.8$$

$$0.99^{365} = 0.03$$

图 4-2   连续性创新效果对比

连续性创新非常重要，大多数人在大多数时间里，都是在进行连续性创新。事实上，企业创造的绝大部分利润，都来自于连续性创新。而在稳定、确定性很高的环境中，最有效的增长策略是连续性创新。

例如，英特尔公司上一次重大的产品创新，可以追溯到 1985 年的 386 芯片，这是一次革命性的进步，使个人计算机的运算速度能够赶上大型计算机的运算速度。此后，英特尔便依靠其在微处理器领域更新换代的连续性创新，成为全球最大的个人计算机零件和 CPU 制造商。

无独有偶，微软公司从 1985 年推出操作系统 Windows 1.0 以来，随着计算机硬件和软件的不断升级，微软也一直在不断升级、完善 Windows 操作系统，推出了我们熟知的 Windows 95、 Windows 98、Windows 2000、 Windows XP、 Windows Vista、 Windows 7、 Windows 8、

Windows 10 等，目前微软仍然是桌面操作系统领域的霸主，其地位无人能撼动。

大家十分熟悉的苹果公司也是如此，2007 年 1 月 9 日，乔布斯在 WWDC07 上推出了第一代 iPhone，苹果公司依靠每年对 iPhone 的持续升级，截至 2019 年一季度，全球 iPhone 的销量已经超过 9 亿台。

综上所述，当企业的产品和技术处于竞争基础稳固、相对稳定且可确定的预测程度高的市场环境中，或者说处于连续性周期时，企业的最佳选择就是连续性创新策略。

需要提醒大家的是，我们不重点介绍连续性创新，并不是因为它不重要，而是因为它太重要了，以至于主流商学院和大多数经管图书都聚焦在这个课题上，所以我们不讲。

混沌学园讲什么？我们讲的是两条 S 曲线的转换期（见图 4-3），即我们强调的是非连续性创新。

所谓的非连续性创新是一个时间概念，即从第一曲线转向第二曲线时，跨越非连续性的过程。此外，当我们强调非连续性创新时，容易让大家误解连续性创新不重要。事实并非如此，一旦非连续创新转换完成，紧接着还是连续性创新。

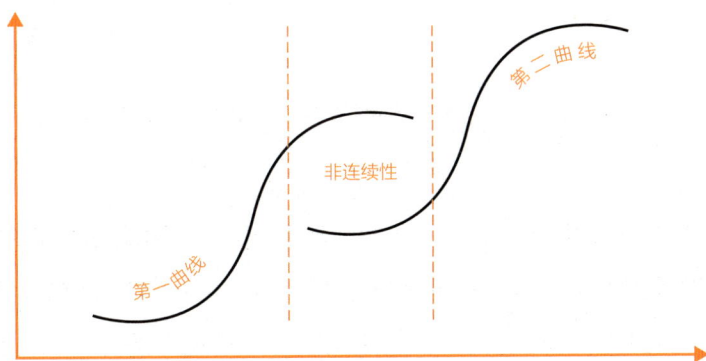

图 4-3　S 形增长曲线的转换期

两种第二曲线

在第三章中我们提到，同为创新大师的克里斯坦森把熊彼特的创新理论付诸实践，提供了一个绝佳的初创企业与巨头错位竞争的增长模型——新兴价值网，这是分析克里斯坦森创新理论的起点。克里斯坦森的价值网理论可以简化为两个层面：供给侧的技术和需求侧的市场。从本章开始，我们将以技术为例，介绍连续性创新和非连续性创新。

前文说过，技术的连续性创新的特征是：沿着技术曲线持续改善原有的产品性能，使产品在既有价值观和 KPI 的标准下变得更好，并且定位于主流市场的主流消费者。同时，技术的连续性创新必将面临 S 曲线的窘境和必然趋势，也就是会出现"极限点"[1]。

布莱恩在《技术的本质》一书中提出了这样一个观点，技术是由组成技术的最小单元——模块组成的，但是在发展的过程中，为了让技术可以应对各种不同的场景，开发者会不断地加入新的模块。随着模块数量的不断增加，整个技术的系统也会越来越复杂，从而逐渐陷入崩溃状态，我们称之为遏制不住的复杂化，即技术发展曲线的极限点。

克里斯坦森发现：同时存在两种不同性质的第二曲线，这是他

---

[1] 极限点在本书第六章中将重点介绍。

在创业与创新领域的重大突破与贡献（见图4-4）。

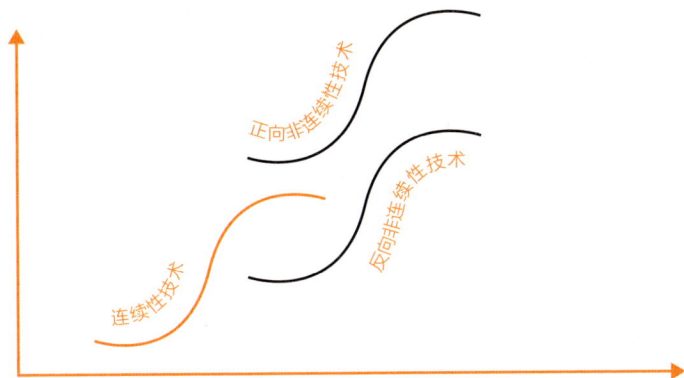

图4-4　两种不同性质的第二曲线示意图

　　我们从图4-4中可以看出，在原有连续性技术的基础上，可能产生两种不同的非连续性技术：第一种是在原S曲线上方，表示比原有技术更好的突破性技术，比如从常规动力到核动力的飞跃，我们称之为"正向非连续性技术"；第二种是在原S曲线下方，起始阶段比原有技术更低，但发展潜力巨大，随着新技术的进步，对原有技术形成破坏性的打击，因此可称之为"反向非连续性技术"或"低端破坏性创新"。比如，从马车到火车的转换，初期的火车运行速度远不如马车，但如今的高铁的运行速度已超过200千米/时，而马车作为交通工具早已退出了历史舞台。

　　在对比这两种非连续性创新之后，克里斯坦森在《创新者的窘境》中指出："实际上，成熟企业在应对各种类型的延续性创新时，可以做到锐意进取、积极创新、认真听取客户意见，但它们似乎无法成功解决的问题，是在轨线图上的下行视野和向下游市场流动的问题。为新产品找到新的应用领域和新的市场，似乎是这些企业在刚刚进入市场时所普遍具备的，但在时过境迁后又明显丧失了的一种能力。这些领先企业似乎被它们的客户牵绊住了手脚，从而在破坏性技术出现时，给了具有攻击性的新兴企业颠覆它们领先地位的可乘之机。"

也就是说，成熟企业在面临正向非连续性（突破性技术创新）时似乎总是能够引领行业潮流，但在面对反向非连续性（低端破坏性创新）时往往丧失其行业领先地位。所以在克里斯坦森看来，新兴公司要想颠覆行业原有的龙头企业，最佳方法就是采用反向非连续性的低端破坏性创新，他将这种创新称为"颠覆式创新"（Disruptive Innovation）。这是一个经典的创新理论，也是唯一一门我连续讲了 9 年的课，它揭示了企业在发展过程中如宿命般的"创新者的窘境"。

初创企业的机会：颠覆式创新

在企业创新层面，克里斯坦森是世界上富有预见性和洞察力的商业分析师之一，乔布斯深受他的影响。在《史蒂夫·乔布斯传》中，关于商业的书只出现了一本，那就是克里斯坦森的《创新者的窘境》。

除了乔布斯，克里斯坦森还深深地影响了另一位"狂人"，全球最大的电商平台之一亚马逊的创始人杰夫·贝索斯（Jeff Bezos）。在他的个人传记《一网打尽：贝索斯与亚马逊时代》一书中，作者布拉德·斯通(Brad Stone)这样描述道："亚马逊遵从克里斯坦森的指导去做 Kindle，就好像依照菜谱做菜一样。"我们从这种描述中，不难看出贝索斯对克里斯坦森理论的重视程度。

颠覆式创新产品在主流市场注重的性能方面，通常弱于现有的成熟产品，但它们拥有一些边缘消费者（通常也是新消费者）所看重的其他特性，比如价格更低、操作更简单、更方便消费者携带或使用，等等。

在此，有必要澄清一组概念："突破性技术"与"颠覆式创新"之间不能直接画上等号。

在《创新者的窘境》出版并获得广泛好评之后，克里斯坦森又创作了其姊妹篇《创新者的解答》[1]。他在书中特意写道："看到我

---

[1] 克莱顿·克里斯坦森，迈克尔·雷纳. 创新者的解答 [M]. 李瑜思，林伟，郑欢，译. 北京：中信出版社，2010.

们的学生和管理者对连续性创新和颠覆式创新二者区别的解读和评论之后，我们发现了一个有趣的现象：人们在接受新概念、新数据或新思路时，总是不自觉地将之加以变形，以便将其套进自己原有的思维模式当中……很多人将'颠覆式创新'等同于'突破性技术'，对此我们深表遗憾，我们研究发现的以及文中所表述的'颠覆'是另一种不同的含义。因此，我们在此书中用'破坏性创新'代替'颠覆式创新'，目的就是防止读者误读这两个概念，将其归入我们认为并不正确的分类中去。"

在我看来，"破坏性创新"这个词也并非十分准确，只是相对于"颠覆式创新"，它的力度更加柔和一些。因为颠覆式创新的提法已经约定俗成，所以我们在后文中一以贯之地使用这一提法。

2013 年，奇虎 360 的创始人周鸿祎写的一篇名为《免费是颠覆式创新》的文章，在网上广为流传，影响很大。在他看来："颠覆式创新最基本的定义很简单。第一，你能把原来很不方便的服务或者产品做得特别方便。比如，对真正的摄影爱好者来说，手机的像素再高，也比不上胶卷相机。但是，对绝大多数普通人来说，冲洗胶卷很不方便，而且冲洗出来之后才知道拍得好不好。不像手机，即拍即见，而且可以很方便地在互联网上分享，这就是用户体验上的颠覆。第二，把原来很贵的东西变得异常便宜，或者把原来收费的东西变成免费的，我认为这是商业模式上的颠覆。"简单而言，8 个字足以概括："要么方便，要么便宜。"

尽管周鸿祎对颠覆式创新的定义稍显片面，但足够经典，充分体现了颠覆式创新的理论精髓。克里斯坦森对此的论述如下："当需要制造出更好的产品、找到更优质的客户、卖出更高的价格时，领先企业采取渐进性创新战略，总能胜人一筹；而当面临挑战，需要将更简单、更便利、更廉价的产品销售给新客户群或低端客户群时，新兴企业采用破坏性创新战略，往往更容易获胜。"虽然这和周鸿祎的表述略有不同，但道理相同。

为了验证这一观点，克里斯坦森在《创新者的窘境》中，引用了《磁盘／趋势报告》中的一组数据（见图4-5）。在第一曲线的连续性技术创新中，如果初创企业和领先企业竞争，领先企业获胜的概率为80%；在正向非连续性的突破性技术创新中，在位企业的胜率也是67%；而在反向非连续的破坏性创新（颠覆式创新）中，在位企业仅有33%的胜率。

竞争胜率

- **连续性技术：** 在位企业的胜率为80%
- **突破性技术：** 在位企业的胜率为67%
- **破坏性创新：** 在位企业的胜率为33%

图4-5　在不同竞争策略下，在位企业的胜率对比图

对比三者，我们发现，无论在连续性技术创新中还是突破性技术创新中，初创公司很难击败在位企业并获得成功；而在颠覆式创新中，初创企业尚有较高的胜率，所以我说颠覆式创新是上天留给初创企业的"理想后门"。

其实，这个后门就是创业者的机会，我们可以通过低端颠覆的方法，用一些技术水平相对较低但能够满足绝大多数普通用户的需求，而且价格更低的产品切入，从而成功占据低端市场，这就是所谓的低端颠覆式创新，我们简称为"低端颠覆"。

右上角迁移力与低端颠覆

为什么在更高端的连续性技术和突破性技术创新中更占优势的在位企业，却在更低端的破坏性创新中举步维艰，以至于给初创公司留下了"可乘之机"？

克里斯坦森在研究了大量的企业案例之后发现，技术进步带来的高端市场，往往具有良好的增长前景和更高的盈利能力，因此我们经常看到管理良好的在位企业在追求更高端客户的过程中，放弃了它们当前的客户（或者在当前客户市场的竞争力逐渐下降）。在位的优秀企业中，凝聚人力、物力的总是那些计划提高产品性能、冲击高端市场并且能给企业带来更高利润率的提案。

的确，通过进入高端市场提高财务绩效的吸引力如此之大，以至于技术进步的速度超过了市场需求提升的速度，甚至让人们感到在行业发展轨线图的右上角似乎存在一种由巨大的磁石产生的吸引力，克里斯坦森将这种强大的吸引力称为"右上角迁移力"。

如图 4-6 所示，用户的需求不断提升，技术进步的速度在加快，但需求提升速度和技术进步速度的斜率并不相同。最终，技术进步的速度会超过市场需求提升的速度，这是《颠覆式创新》一书的核心观点，也是颠覆式创新的逻辑奇点[1]。

---

[1] 奇点是宇宙大爆炸之前宇宙存在的一种形式，具有一系列奇异的性质。大多数科学家认为，它是宇宙产生之初由爆炸形成宇宙的那个点。

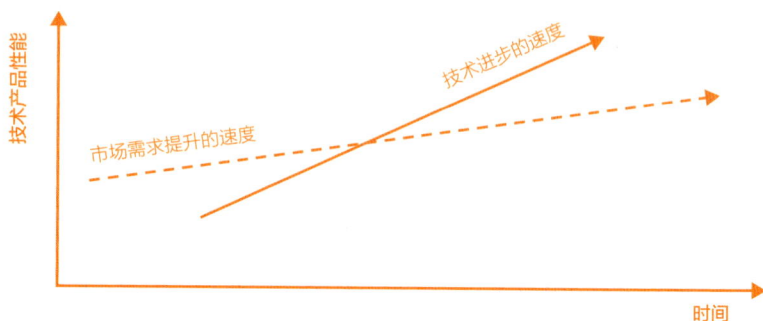

图 4-6 颠覆式创新的逻辑奇点：右上角迁移力示意图

　　正如英特尔创始人之一的戈登·摩尔（Gordon Moore）提出的"摩尔定律"："当价格不变时，集成电路上可容纳的元器件的数目，约每隔 18~24 个月便会增加一倍，性能也将提升一倍。"虽然大多数行业的创新还无法做到每隔 18 个月性能就提升一倍，但是在"右上角迁移力"的作用下，供给侧技术进步的速度在逐步提高，终将超过需求侧用户需求进步的速度。

　　事实上，技术进步的企业并不会满足于固守最初的价值网。相反，它们会利用每一代新产品去满足更高的市场需求，直到产品足以吸引更高价值网内的客户。正是这种不断向上的"右上角迁移力"，使得越来越多的在位企业在"右上角迁移力"的作用下，放弃或弱化了原有市场，转而将大量的人力和物力投入高端市场，这意味着在原有的低端价值网（或大众价值网）中，会出现一个"性能过度"（服务于高端产品的技术与低端市场的需求之间的空当）的竞争真空地带。

比如在汽车行业，很多高端汽车的重要卖点就是百公里加速时间，简单来说就是从起步到加速到 100 千米／时需要的时间。从理论上讲，汽车的百公里加速时间越短，证明汽车的马力越强，性能更突出。实际上，除了在赛车场驰骋的赛车手，大多数普通用户对这种技术的需求并不大。

不妨再思考一件事情，一家汽车公司的产品研发费用往往会花在什么地方？答案是花在把最后的 98% 提高到 100%。在这一点点的顶尖实力的研发上，通常会耗费大部分的研发费用。事实上，大多数用户对这种性能提升并没有需求。换言之，他用于购买这个产品所花的大部分钱，都用在了购买这些可能永远也用不上的高端性能上。

无疑，"性能过度"能够为创业企业带来巨大的市场机遇点，将会吸引技术和成本结构与低端大众市场更加匹配的新兴企业，采取低端颠覆的方式参与其中，并以此为据点不断地向高端市场发起挑战。

低端颠覆式创新逻辑图如图 4-7 所示，纵坐标是技术产品性能，横坐标是时间。这里首先有一个市场需求提升的速度，与其相对应的是技术进步的速度。技术进步的速度会超过市场需求提升的速度，在右上角迁移力的作用下，会出现"性能过度"效应。当出现这个效应时，就会出现一个低端或更贴近大众的市场需求。

此时，会有新的技术来满足低端大众的市场需求，当然，这时的新技术不如现有的技术先进，但它会不断地进步。正如之前提到的，技术进步的速度会超过市场需求提升的速度，于是，当新技术的产品性能进步到可以满足高端市场的需求时，新技术对原有技术的低端颠覆就完成了。

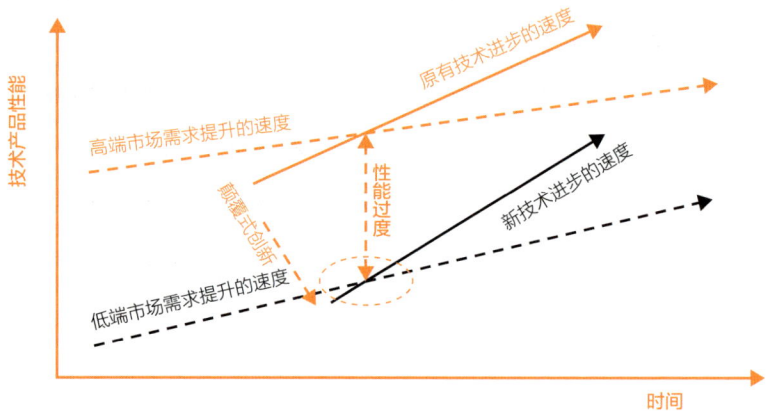

图 4-7 低端颠覆式创新逻辑图

为了便于理解，我们先来看一个小钢厂的低端颠覆的例子。

小钢厂的低端颠覆式创新

在第二次世界大战期间，为了满足巨大的军事需求，北美的钢铁厂大量兴起。由于战后钢铁的需求下降，很多大型综合性钢铁企业（以下简称"大钢厂"）的生产效率明显降低，北美境内出现了很多初创的小型钢铁企业（以下简称"小钢厂"）。

当时全球几乎所有的钢铁都产自大钢厂，它们承包了从铁矿冶炼到产品铸成的全部生产程序。

小钢厂则相反，它们用一种比大钢厂更低端的技术熔炼废弃钢铁，进而生产最终成品。一家大钢厂的建造成本约80亿美元，而小钢厂因为无须购置高炉，建造成本仅需4亿美元左右。最重要的是，小钢厂可以较为灵活地承接小批量订单，并通过以低于大钢厂20%的成本生产同型号钢品。

钢铁有4个不同的市场，最低端的是钢筋市场，毛利率一直徘徊在7%，整体规模只占钢铁行业总规模的4%。在钢铁市场的所有等级中，钢筋是最没有投资价值的"鸡肋"。大多数大钢厂对此并不在意，它们将更多的注意力投向了毛利率更高的市场，如钢板和结构钢，而这为小钢厂创造了巨大的市场机遇。

当小钢厂进军钢筋市场时，大钢厂纷纷采取袖手旁观的态度，坐看小钢厂在这个低端市场中大打价格战。不料，小钢厂正因为

20% 的成本优势，在钢筋市场中享有了更高的利润——直到 1979 年，最后一家大钢厂被小钢厂驱逐出北美的钢筋市场。历史价格数据显示，当时的钢筋价格已经暴跌 20%。

切记，技术进步的速度一定会超过市场需求提升的速度。随着技术水平的迅速提升和利润水平的日益摊薄，小钢厂在右上角迁移力的作用下，打起了比钢筋高一个等级的角钢、条钢和棒钢市场的主意。这一市场的毛利率在 12% 左右，市场规模是钢筋市场的 2 倍，占钢铁行业总规模的 8%。

当小钢厂"抢滩"进入角钢、条钢和棒钢市场时，大钢厂却出人意料地将此业务拱手相让。与更高端的钢板和结构钢市场相比，退出低端市场能够提升大钢厂的财务水平，进而获得华尔街的青睐。于是，大钢厂纷纷关闭或重组生产线，生产利润水平更高的产品。

到了 1984 年，故事进入了又一个循环，小钢厂成功地将大钢厂彻底地逐出了角钢、条钢和棒钢市场，这些产品的价格下跌 20%，利润再次摊薄。此时，小钢厂继续向毛利率更高（毛利率 18%，市场占比 22%）的结构钢市场迈进。

在此之前，大多数行业专家并不看好小钢厂，因为结构钢的规格和质量要求都很高，小钢厂根本无法做到。出人意料的事情再次发生，在生存压力之下，小钢厂进行了令人难以想象的颠覆式创新，连铸机技术由此应运而生。凭借 20% 的成本优势，小钢厂顺利进入并占据结构钢市场，到 20 世纪 90 年代中期，价格战再次开始。

当小钢厂中的佼佼者 Nucor 公司成功进军毛利率 23% ～ 30%、占市场总量 55% 的钢板市场之后，循环再度开启。2001 年，在克里斯坦森创作《创新者的解答》一书时，业界巨头伯利恒钢铁公司宣布破产。

纵观小钢厂击垮大钢厂的完整过程（见图 4-8），有一个问题令人费解：大钢厂为什么不狙击小钢厂，反倒是放任其一步步成长，蚕食原有市场？在《创新者的解答》中，克里斯坦森给出的答案是"回不去的低端市场"。在他看来，领先企业的分配流程在本质上无法响应破坏性创新。它们的目光总是投向高端市场，几乎从未考虑过保卫新市场或低端市场，而这些市场恰恰对破坏者极具吸引力。

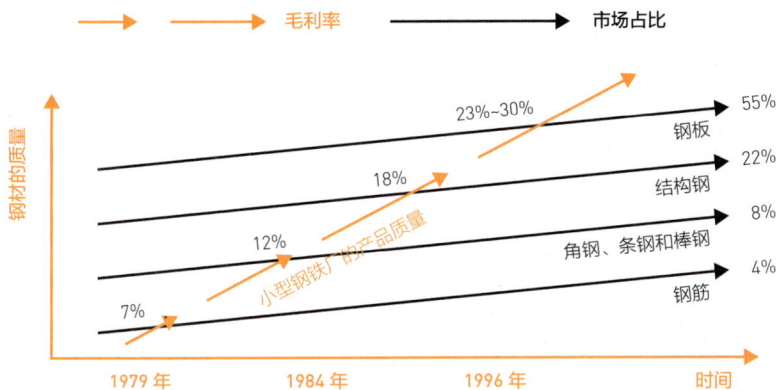

图 4-8　小钢厂打败大钢厂的全过程示意图

在右上角迁移力的作用下，企业的技术和客户会越来越高端，管理也会越来越复杂，再也回不到低端市场的水平。正如司马光在《训俭示康》中所说："由俭入奢易，由奢入俭难。"这是人性使然，无人能违逆。很多人喜欢在具象世界里分析个案，其实具象的案例背后有必然的规律在推动。如果不把这个规律抽象出来，所有具象分析都是水中月、镜中花。

从小钢厂击垮大钢厂的案例中，我们便能看到右上角迁移力这一规律的力量。当"性能过度"效应出现时，新兴企业便获得了从低端切入的错位竞争机遇。克里斯坦森将这种现象称为"不对称动机"，并将其称为"创新者陷入窘境的核心原因"，同时也是"创新者解决方案的破冰之始"。

从低端切入，不等于永远处于低端

大多数企业的经营者总是以为技术水平越高，能够获取越丰厚的利润，事实并非如此。随着技术的提升，产品质量的确会水涨船高，与此同时，成本和售价也会相对提升。因为技术创新需要大量的成本和投入，这也是突破性技术创新（正向非连续性）通常发生在在位企业的主要原因。

但是对于大多数企业而言，大部分的研发费用都被用于最高端的技术之上，仅有小部分费用会用于低端技术产品的研发。市场推广也是如此，大部分的营销费用都被花在最高端的产品之上。然而，大众真正需要的产品却往往是低端技术产品。产品能力的跃迁和价格的提升，注定了在位企业会逐渐接近高端用户，同时远离低端大众市场。而且这种发展倾向是不可逆的，企业一旦进入高端市场，再想回头基本上是不可能的。所以，当消费者口中出现如"太贵""太复杂""太难"等关键词时，便是产品"性能过度"的信号，此时也是低端颠覆式创新的机会点。

结合前面的阐述和案例，我们再来总结一下低端颠覆式创新是如何一步一步完成的。

第一步，在需求端识别未被满足的大众需求（如低端市场和边缘市场），在供给端引入新兴技术和更方便、更便宜的产品。小米的成功便是最好的例证。至今最让大众津津乐道的小米产品，依然是价格低廉、性能一般的红米。

第二步，技术和产品的连续性迭代进步。在此提醒大家，颠覆式创新是一个带有时间特性的市场机会，仅指两条技术曲线交替和转换的时期，具有很大的偶然性。所以一旦转换完成，便又会进入技术固有的发展曲线，即必须采取连续性技术进步（见图4-9）。

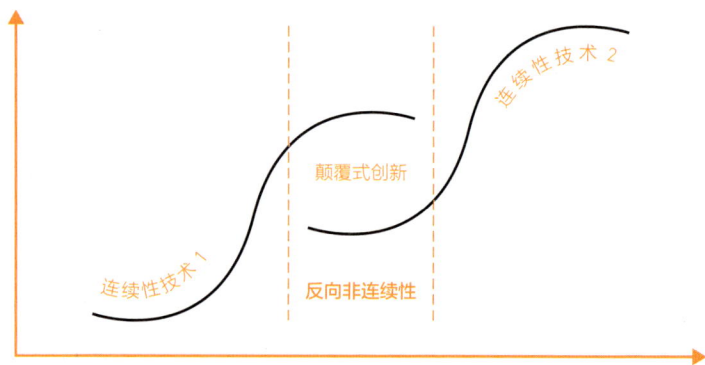

图 4-9　颠覆式创新的时间性

很多企业盛极而衰，正是因为忘记了踏上这重要的一步。切记，从低端切入，不等于永远处于低端。如果新兴企业想获得持久性成功，必须不停地提升自身的技术能力，夯实企业的"护城河"。因此，虽然连续性创新并非本章的主题，但丝毫不影响它在颠覆式创新中的重要作用。

第三步，颠覆发生。当新兴企业的技术快速发展至能够以更低的价格满足高端用户需求时，高端用户便会义无反顾地转投新兴企业的怀抱，颠覆便在此刻完成。克里斯坦森说，技术无所谓颠覆性，需求不存在颠覆性，但是利用技术满足不同需求的组合方式，就具备颠覆性。换句话说，具备颠覆性的并不是技术和需求本身，而是彼此的组合方式。

大家需要注意的是，所谓颠覆，是指新兴企业打败在位企业的结果，而非技术本身。往往是更为低端的技术最后实现了对拥有高端技术的在位企业的逆袭。

日本汽车对美国汽车的颠覆，韩国电子产品对日本电子产品的颠覆，皆是如此。中国的很多知名企业，在发展之初走的也是这条道路，比如 QQ 对 MSN 的颠覆、淘宝对 eBay 的颠覆，以及从三线、四线城市和校园走向全世界的华为……长江后浪推前浪，后浪又把前浪拍死在沙滩上。世事看似无常，实则背后存在某种力量，这个力量的核心逻辑就是右上角迁移力。

这里要提醒大家注意一点：技术进步不是一种线性思维，而是指数思维，它拥有巨大的加速度。在技术诞生之初，它与市场需求之间往往存在明显的差距，这会对在位企业形成一种欺骗，直到技术加速发展击穿"破局点"，继而拉出一条高昂向上的曲线，对后知后觉的在位企业进行无情的颠覆。为了加深印象，我将技术从诞生到破局点的发展区间命名为"欺骗性失望区"（见图 4-10）。

正如比尔·盖茨所言："我们总是高估在 1 年或 2 年中能够做到的，而低估 5 年或 10 年中能够做到的。这是因为技术的力量也是呈指数级增长，而不是线性增长。所以它始于极微小的增长，随后又以不可思议的速度爆炸式地增长。"

当然，任何理论都有其边界，颠覆式创新的理论适用于技术处于成长期的企业，并且技术进步的速度高于需求增长的速度。一旦技术发展过了极限点或者无论技术如何发展都赶不上需求的发展速度（比如人们对医疗技术的需求）时，就不再适用颠覆式创新的理论。

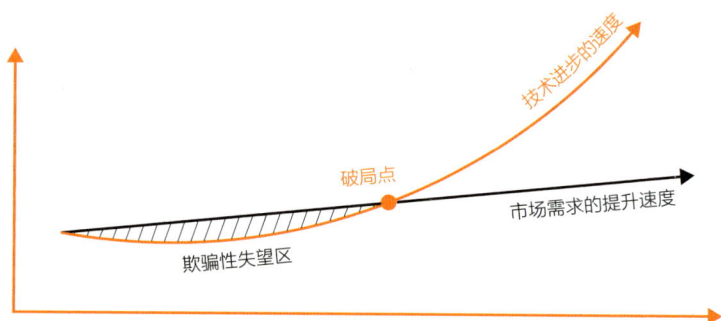

图 4-10　欺骗性失望区示意图

拼多多的低端颠覆式创新

虽然颠覆式创新的理论源自西方，但在国内市场上也不乏以低端颠覆式创新成功地跻身行业龙头的创业企业。其中，如教科书般的低端颠覆式创新的案例就是拼多多的崛起。

1. 低端颠覆式创新

我们常说关于历史的具体故事、主角总在变化，但是具体故事背后的模式（pattern）永远不变。在讲解拼多多的案例之前，我们首先简要回顾一下曾经的电商鼻祖，现在的电商霸主阿里巴巴是如何低端颠覆式创新的。

2003 年，受到"非典"疫情的影响，线下商业的发展受阻，在这种情况下，阿里巴巴推出了线上购物平台——淘宝网，实现了对线下商业的颠覆式创新（见图 4-11）。但是，淘宝巨人是否永远无人能敌？淘宝是否也会遭遇创新者的窘境？

事实上，在淘宝网起步阶段，人们对其最大的诟病就是存在销售假冒伪劣商品现象，当年工商部门甚至与淘宝网之间产生了一场旷日持久的对战。这种情况持续了很久，淘宝网上市之后，加大打击假冒伪劣商品的力度，原来的低价、低质商品在淘宝上越来越难获得流量，而流量的减少，意味着这些店铺基本无法继续生存。在这个过程中，所谓"低端"用户在淘宝网越来越买不到自己想要的便宜东西。

商品性能

线下商业

淘宝网 + 天猫

时间

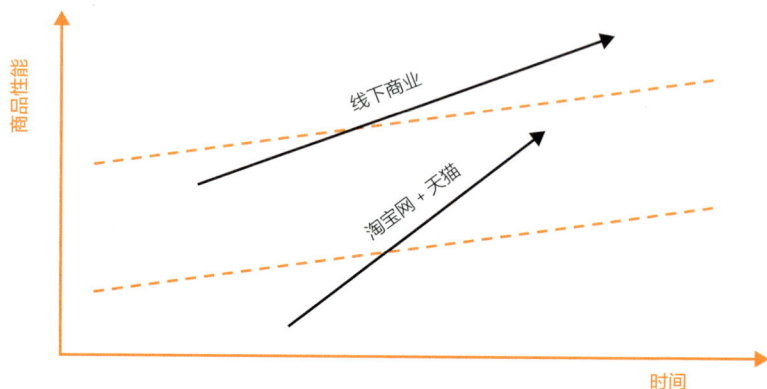

图 4-11　阿里电商的低端颠覆式创新

　　所以，淘宝网在右上角迁移力的作用下，也遭遇"回不去的低端"的窘境。2008 年淘宝商城上线，实行大品牌入驻策略，淘宝流量向品牌倾斜。2011 年，淘宝商城分拆为独立公司，2012 年改名为"天猫"。

　　当然，不只是淘宝网，电商巨头京东商城在发展的过程中，也呈现同样的发展曲线。在京东商城以电子产品切入电商领域之初，也推出了拍拍这种销售低端产品的平台，以此吸引消费者。随着企业自身的发展，京东商城最终舍弃了拍拍，开始主营品牌产品。

　　在过去十几年的时间里，京东和阿里的客单价一直在提升，这种现象背后体现的是用户的持续升级，对平台来说，用户升级又意味着技术升级、产品升级和市场升级。在右上角迁移力的引导下，这种升级属于必然的选择，同时也必然产生某种性能过度。在前文中我们已经讲过，每当出现性能过度时，都会给后来者带来颠覆自己的机会,淘宝网和京东商城将这个机会留给了拼多多(见图4-12)。

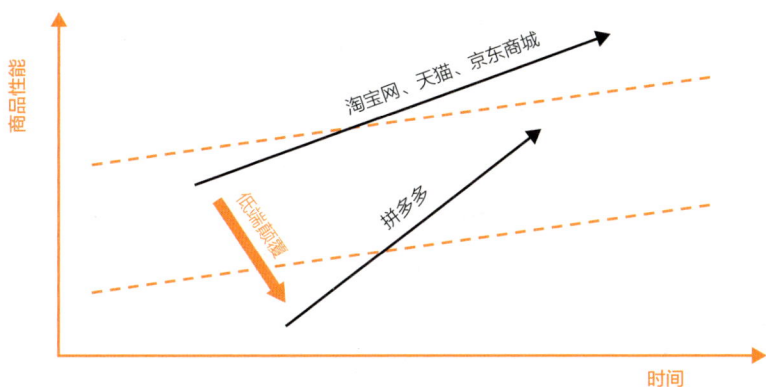

图 4-12　拼多多的低端颠覆式创新

2. 组合式创新

我们再来看看拼多多具体是如何低端颠覆式创新的?事实上,拼多多通过对电商行业基本要素的重新整合,利用组合式创新,实现了对整个行业的低端颠覆式创新。

拼多多的组合式创新在需求方面的新需求,对应的是低消费人群;在供给方面的新供给,对应的是低端供应链;在连接方面的新连接,对应的是微信拼团。其中,微信拼团是当时非常重要的关键单一要素(见图4-13)。

(1)新买家:低消费人群

历史总是惊人的相似,拼多多的崛起同样起始于低端颠覆式创新，从低端大众市场入手，以价格低廉的产品占据下沉市场。这种方式与 2003 年淘宝网低端颠覆线下零售产业的模式几乎一模一样。

拼多多的组合式创新

- **新需求：** 低消费人群
- **新供给：** 低端供应链
- **新连接：** 微信拼团

图 4-13　拼多多的组合式创新

从低端颠覆式创新的角度来说，拼多多的创新是从需求端，即所谓的低端大众市场开始的。首先，拼多多找到了电商平台的新用户、新买家。我们戏称为五环以外的低消费人群。实际上，这种说法确实也只是一种戏称，因为所谓的五环以外或者说下沉市场，都是一种不准确的描述。

《财经》杂志的记者在采访拼多多创始人黄峥的时候，提出了一个比较尖锐的问题，大致的意思是，拼多多的成功是不是因为抓住了下沉市场？这个问题引起了黄峥极大的反感，他说只有北京五环以内的人才会说这是下沉人群，我们关注的是中国最广大的老百姓，这和快手、今日头条的成长原因类似。

这句话完全说出了拼多多成功的秘密所在，在黄峥的认知中，我们所说的下沉市场，并不是低端市场，而是大众市场。大多数企业深信不疑的所谓消费升级，实际上就是右上角迁移力的来源，在消费升级趋势的引导下，我们开发的技术越来越高端，生产的产品越来越优质，但同时我们距离大众市场人群也越来越远。

　　黄峥说过这样一句话："消费升级不是让上海人去过巴黎人的生活，而是让安徽安庆的人有厨房纸用、有好水果吃。"中国有 6 亿人月收入 1000 元，阿里巴巴活跃用户年花费 8732 元，而拼多多活跃用户年花费 894 元。事实上，拼多多找到的这些电商平台的新用户是低消费用户，也是中国最广大的消费群体。

　　（2）新卖家：低端供应链

　　找到新用户之后，为了匹配大众市场的需求，拼多多又开始寻找新的卖家，即网店商家。在前文中我们提到，淘宝网和京东商城曾经都淘汰过自己的低端供应链，而拼多多的新卖家就是从这些低端供应链中挑选出来的。

　　2015 年 5 月，淘宝打假，淘汰了一大批低端商家；2015 年 7 月，京东商城舍弃了拍拍，淘汰了平台上的低端商家。而 2015 年 9 月，在中国最大的两个电商平台向右上角迁移的同时，拼多多上线了。梁宁评价道，拼多多成建制地接收了这些被淘宝网和京东商城"抛弃"的商家。这些新卖家多为低端供应链，产品质量较差，但价格非常低廉。同时，它们已经积累了大量的电商运营经验，非常了解低消费用户，他们中间很大一部分人之所以将产品的价格压到极低，就是为了从低端的供应链直接匹配到低消费用户。

　　（3）新连接：微信拼团

　　在找到了新用户和新卖家之后，拼多多欠的"东风"就是打通需求端和供给端的新连接，而拼多多选择的新连接的方式就是"微信拼团"。虽然从形式上来看，拼团在当时已经不再是新兴的消费方式，但在微信流量的充分赋能下，这种旧的方式在移动互联网时代也焕发了新的力量，成功地将低消费用户与低端供应链连接在了一起。

拼多多之所以会选择微信作为自己的引流平台，也是有其内在原因的。2018 年，微信的月活跃用户达到 9.3 亿，而淘宝网的月活跃用户是 5.5 亿，二者相差 3.8 亿。这个差值意味着什么呢？这说明在国内有大约 4 亿微信用户，很少在淘宝网上购买商品。在黄峥看来，这无疑是一个巨大的用户市场，就像在上海建立浦东新区，路、桥等基础设施都完善了，人口也迁移过去了，但还没有建设商场。

其实，当时也有很多企业或个体已经在微信平台上开始进行电商经营，但大多数人只是在微信平台上构建一个购物网页，并没有真正地发挥微信的引流作用。只有黄峥关注到了微信作为流量平台的强大力量，通过好友拼团的方式，充分利用微信的社交关系，最终实现了拼多多的崛起。

拼多多在微信上做电商是典型的"低端技术"，在起步阶段，它仅仅是一个简单的微信 H5 页面，没有传统电商 App 的搜索、购物车、收藏、社交等复杂功能。拼多多的微信 H5 页面只适合做最简单的购物流程：看见一个商品，喜欢就直接下单付款，然后分享晒单。事实上，对于低消费用户来说，100M 大小的电商 App 的性能齐全的操作界面是"性能过度"，既麻烦，又复杂。

在发展初期，拼多多就是凭借一个简单的 H5 页面，用单一的商品和极致优惠的价格，成功地吸引用户进行主动分享和拼团。在这个过程中，拼多多没有任何额外的功能，它不提供流量、用户和商家，仅提供微信中交易的 H5 工具。

如图 4-14 所示，拼多多的用户流量大多是由主动用户提供的：主动用户用拼多多开团，他将开团信息分享到朋友圈里和微信群里，其他好友作为被动用户参与拼团。这里主动用户既用拼多多买东西，又提供了流量，而商品管理和发货等服务由商家提供。

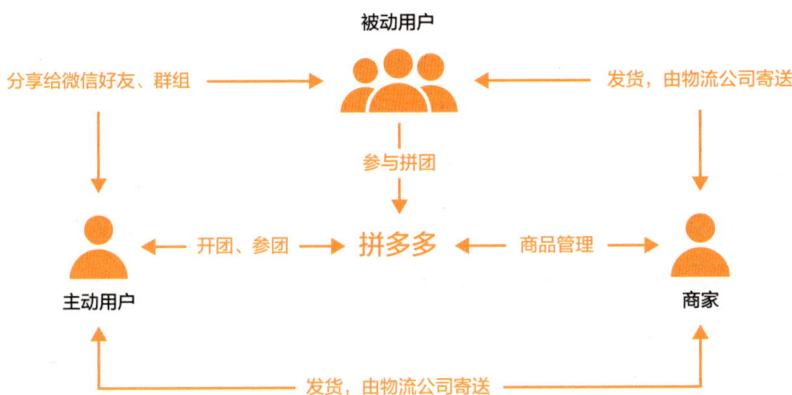

被动用户

分享给微信好友、群组 →

发货，由物流公司寄送

参与拼团

主动用户　开团、参团 → 拼多多 ← 商品管理　商家

发货，由物流公司寄送

图 4-14　拼多多微信拼团流程示意图

极简的微信拼团方式（甚至是单品拼团），为拼多多创造了极大的经营优势——极低的获客成本。

事实上，拼多多早期客单价在 20 元左右，而同期的京东商城和淘宝网的客单价在 200 元左右。拼多多之所以能够在极低客单价的基础上，依然保持盈利，最重要的原因就是极低的获客成本。

传统的电商平台在经营的过程中，大量的资本被用于获取新客，因为只有具备一定的流量基础，店铺才能获取充足的收益，平台才能赚取足够的佣金用于继续发展。而拼多多利用微信拼团，把原本应该由平台去做的流量获取任务，寄托在了用户身上。通过这种方式，早期拼多多的获客成本仅为 1 元，即便到了上市之前，它的获客成本也只有 61 元，而对比传统电商 300 ~ 400 元的获客成本，出现了十倍好要素。

由于供给端提供的产品已经在价格方面形成了极致的竞争力，所以在宣传推广方面，拼多多也无须投入过多；而营销成本的降低，也让拼多多愿意降低商家的佣金；优惠的佣金为商家创造了更大的利润空间，所以在极低价格的基础上，他们依然愿意包邮，并且接受小量的散单；而消费者因为极致优惠的价格，所以降低了对其他方面的体验需求，即便物流的速度较慢也可以接受，所以商家可以选择价格相对较低的物流公司来合作，进一步降低了成本。

拼多多的低端颠覆式创新，实际上是利用低端市场用户的低端需求、低端供应链以及使用低端技术的连接平台的组合式创新实现的。凭借低端颠覆式的力量，2018 年，拼多多的用户日均使用时长和日均打开次数都已经超过淘宝网，而淘宝网和拼多多重合用户占比从 2017 年的 17.7% 上升到 2018 年的 44%。

3. 右上角迁移力

当然，拼多多的低端颠覆式创新只是一个起点。在拼多多上市之后，它也如当年淘宝网一样，遭到巨大的诟病，即销售假冒伪劣商品的问题。《财经》杂志在专访黄峥的时候，提到这样一个问题："极低价格需要极低成本，极低成本如何保证品质？"黄峥回答说："我们正在通过升级供应链和打击假货提高商品质量。全中国可能没有比我们更努力打假的平台了，过去一年我们的复购率翻了一倍。"

所以在右上角迁移力的作用下，拼多多也在不断地升级供应链，同时上线了具备完善功能的 App，开始吸引大量的知名品牌入驻平台。淘宝网当年走过的"天猫化"道路，拼多多又走了一遍。

2018 年 7 月，拼多多发布两则定向品牌招商公告，涉及服饰、美妆、箱包、食品、数码家电、家具、建材等品类，覆盖了几乎所有叫得上名字的主流品牌。8 月拼多多 App 改版，网页正中央位置出现"品牌馆"，与普通店铺区分开来。同年 9 月，拼多多主动关闭了涉嫌违法违规的店铺 5500 多家，下架问题商品超过 770 万件，前置拦截疑似假冒伪劣商品链接超过 300 万个。

淘宝网曾经经历了平台升级的过程，而作为先驱者的淘宝网能做到，身为后来者的拼多多则更不在话下，这可能就是市场看好拼多多的逻辑。

4. 反颠覆式创新

虽然拼多多凭借"天猫化"的路径完成了平台的升级迭代，但"天猫化的拼多多"是唯一的选择吗？答案当然是否定的，因为"天猫化的拼多多"在右上角迁移力的作用下，会和淘宝网一样走向性能过度的右上角，从而为其他企业留下低端颠覆自己的机会。

　　《财经》杂志在采访黄峥的时候提到这样一个问题："你们会做天猫模式吗？这个模式对打击假货比较有效。"黄峥回答："我们不会做天猫模式，不是现在不做，以后也不会做。对我们来说，这个模式行不通。我得想一个办法来做所谓的品牌升级，应该是不一样的。"

　　实际上，拼多多在右上角迁移力的作用下有几条路径可以选择：第一，沿着右上角迁移力，继续品牌升级；第二，更快实现"天猫化"，达到腾笼换鸟的效果。然而，黄峥选择了第三条路，继续"拼多多化"，选择了"贴地飞行"模式（见图 4-15）。

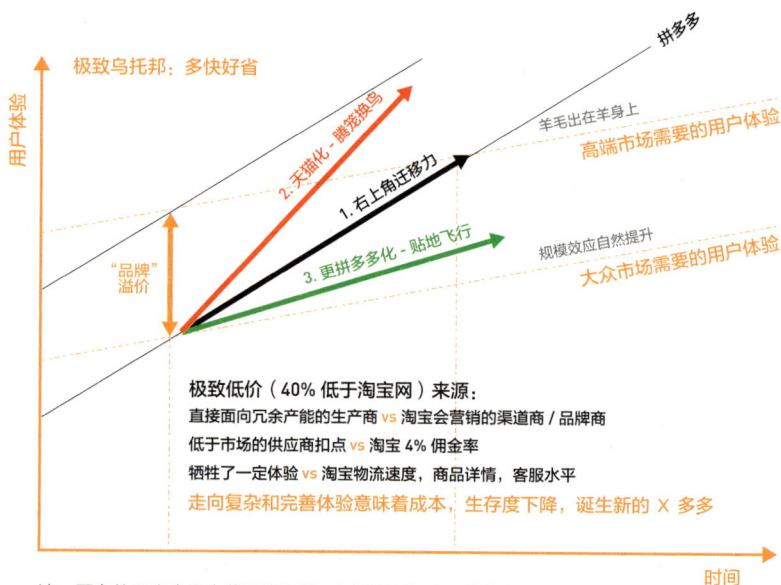

极致乌托邦：多快好省

拼多多

用户体验

羊毛出在羊身上

高端市场需要的用户体验

2. 天猫化 - 腾笼换鸟

1. 右上角迁移力

3. 更拼多多化 - 贴地飞行

规模效应自然提升

大众市场需要的用户体验

"品牌"溢价

极致低价（40% 低于淘宝网）来源：
直接面向冗余产能的生产商 vs 淘宝会营销的渠道商 / 品牌商
低于市场的供应商扣点 vs 淘宝 4% 佣金率
牺牲了一定体验 vs 淘宝物流速度，商品详情，客服水平
走向复杂和完善体验意味着成本，生存度下降，诞生新的 X 多多

时间

注：平台从用户支出中获取的比例，包括交易佣金、营销费用等。

图 4-15　对拼多多未来的展望

他既没有采用快速天猫化的陡峭趋势，也没有按照克里斯坦森所预言的那样，按照技术进步的速度前行，而是找到了更低的一种进步速度——按照用户需求的进步速度贴地飞行，不给后来者任何低端颠覆的空间。

简单来讲，拼多多平台升级的标准，是想要"为大众人群提供价格低廉的正品好货"。大多数人认为，拼多多的崛起更多的受益于连接端，也就是微信拼团销售模式的赋能，实际上这种认知忽略了拼多多另外一个强大的后手——供应链。

拼多多在利用新需求、新供给和新连接实现了低端颠覆之后，选择了继续进行供给端改革，用技术升级满足低端需求的发展道路。黄峥说过："供应链升级将是我们在很长时间内的战略重点。拼多多的最终模式是使得上游能做批量定制化生产，但我们现在对上游的投入和整个产业链的赋能都太弱了。"

《周天财经》曾经在一篇名为《击穿圈层壁，拼多多的秘密法则》的文章中提到，"微信拼单谁都能模仿，但供应链这个核心壁垒并不是谁都能建立起来的。深知这一点的拼多多，计划在 2018 年投入 100 亿元的营销资源，去培养 500 个类似河南中牟大蒜这样的原产地，培养 10000 个类似张银杰这样连接农户和互联网平台的新农人，从而让更多商品的交易链被缩短"。

拼多多也确实是这样做的，它通过各种各样的方式（如补贴、扶植等），培养了大量具有商业眼光和头脑的商家，而这些商家原本销售的大多是一些没有品牌、没有认证的简单商品。换句话说，拼多多的供应链升级，批量化地将"假货"变成了正品，这种升级方式与淘宝网舍弃低端商家，引入品牌商家的升级方式，存在本质的区别。

5. 错位竞争

实际上，拼多多之所以一直在向与淘宝网、京东商城等平台不同的方向去发展，很大程度上也是为了形成错位竞争。《财经》杂志的记者曾经问黄峥："有人认为拼多多可以打掉淘宝网 40% 的单量，你同意吗？"黄峥回应说："我们与淘宝网是错位竞争，争夺的是同一批用户的不同场景。错位才会长得更快，所以不存在打掉淘宝网多少订单。正如 Facebook 快速长大也并没有影响谷歌的成长，这是两个完全不同的场景。"

因为面对同样的世界，拼多多和淘宝网看到了不同的维度，所以黄峥对竞争的理解也与大多数经营者不同，他曾经提到这样一个观点，"滴滴和美团是在强竞争环境中长大的，但拼多多的成长环境不一样，我们在一个看似没有机会的饱和领域找到了新的商业突破，因此不需要浪费大量的资源进行过度竞争。阿里与京东、滴滴与美团，它们是帝国式竞争，有明确的地盘界限。但我觉得，我们这一代人的思路不该是这样的。拼多多和淘宝更像是两个不同的维度在慢慢融合，拼多多既用支付宝也用菜鸟。"用一句话来总结黄峥的经营思路，那就是"他们争的是地盘，我要的是错位"。

在现实中，拼多多经常会被拿来和阿里进行对比，但黄铮始终认为："我们并不想做第二个阿里，拼多多的存在本来就是一种模式，而我们正处在这种模式开创的早期。你可以说我 low，说我初级，但你无法忽视我。"

其实不只是拼多多，美团在电商领域也已经对阿里巴巴造成了非常大的冲击，而今日头条加上抖音，在内容方面也已经对腾讯造成了巨大的冲击。这些新兴企业的崛起告诉我们，BAT 这三座大山并不是无法撼动的，任何企业的发展都会受到右上角迁移力的影响，而这就是市场留给后来者的"理想后门"。只要时代在发展，后来者一定都有机会，就像黄峥一样。

第五章

组织心智：你所拥有的，往往会变成制约你的

企业转型难在何处？不在于具体招式，而在于看不见、摸不着的心智模式。它无时无刻不在影响着企业，并且一旦形成，就难以改变。能够实现心智模式自我突破的企业可谓少之又少。一旦突破，企业便会迎来天翻地覆的全新局面。

　　我们在前文提到，企业战略的首要目标是持续且高速增长，而根据克里斯坦森和熊彼特的理论，第二曲线创新能够产生十倍速增长，但问题是第一曲线领先者几乎无法跨越到新曲线，因为从第一曲线过渡到第二曲线，中间需要经历一个难以跨越的非连续性鸿沟，我们称之为"创新者的窘境"。对大多数的在位企业来说，想要跨越创新者的窘境，实际上成功的概率很小，这就是"人类思维的阿喀琉斯之踵"[1]。

[1] 阿喀琉斯之踵（Achilles' Heel），原指阿喀琉斯的脚后跟，因是其身体唯一一处没有在冥河中浸泡过的地方，从而成为他唯一的弱点。阿喀琉斯是古希腊神话中的英雄，荷马史诗《伊利亚特》中的主人公。在特洛伊战争中，阿喀琉斯被毒箭射中脚踝而丧命。现引申为致命的弱点，要害。

价值网络与组织心智

前麦肯锡资深合伙人，被誉为熊彼特"破坏性创造"理论的集大成者的理查德·福斯特（Richard Foster），在《创新：进攻者的优势》[1] 一书中曾经提到"一旦遭遇非连续性，原来的领军企业十个大概会有七个会被取代"。

现实中并不缺乏这样的案例，诺基亚于 1998 年取代摩托罗拉成为全球功能手机销售量第一名，在此后的 14 年里，诺基亚成为全球手机之王，巅峰时期的市值超过千亿美元，但在智能机时代却插草卖身[2]。

而在 PC 时代堪称"门户网站之父"的雅虎，在移动互联网时代也风光不再，逐渐没落，从市值 1000 亿美元的互联网的拓荒者到 48 亿美元被贱卖。

再来看看百度，百度牢牢占据着 PC 时代搜索方面的头把交椅，并逐渐发展成为全球最大的中文搜索引擎。当移动互联网时代到来之后，随着众多以人工智能（AI）算法推荐为主的内容平台崛起，百度却没能成功地跨越到新的曲线，而是在原有的曲线上开始走下坡路。

[1] 理查德·福斯特. 创新：进攻者的优势 [M]. 孙玉杰，王宇峰，韩丽华，译. 北京：北京联合出版公司，2017.

[2] 2013 年 9 月 3 日上午，微软宣布将以约 71.7 亿美元的价格收购诺基亚手机业务。

为什么领先的创新者总是遭遇窘境？通常的结论是公司技术能力不足或是管理出了问题，也有很多人会把主要的原因归结于"英雄"式创业公司的出现引领了时代的变化，使得在位企业失去了发展的先机。

但是，几乎所有的在位企业从来都不是输给那些新兴的竞争对手，而是输给自己的"既得利益"和"既有思维"，对应地，我们将其拆分成了两个维度：外在利益结构的"价值网络"[1]和内在信念体系的"组织心智"。

所谓价值网，就是在进行组合式创新时，将技术、产品、市场、资本和组织等相关要素重新组合起来，并形成一张无形的生存之网。它一方面给企业提供了生存所必需的资源，另一方面也将企业禁锢在价值网之中，难以自拔。当企业遭遇非连续性时，企业所拥有的那些资源反而成为进攻自身的价值网。

所谓的组织心智，是指企业内在的思维模式，企业过去成功的经验、模式、文化等这些心智层面的内容。当企业需要从第一曲线跨越到第二曲线时，成熟的组织心智反而会成为限制企业创新的内在阻力。

事实上，价值网和组织心智是一回事，因为所有组织心智必须通过某一个价值网才能实现，而任何一个价值网利益体系背后一定有某种既定的组织心智，所以在本章中我们将其统合为"组织心智"。

---

[1] 与第三章中的"价值网"概念本质相同。

组织心智自动化

在大多数人看来，生存结构不易改变，而思维模式容易改变。就好像在我们生活的地球上，天、地、日、月、山、川这些生活环境不会因为人类的认知而变化，我们却可以因为学习或交流，而改变自己的思维模式。事实恰恰相反，由于人类的认知禁闭，思维方式一旦形成，几乎无法由内而外地改变。

电影《肖申克的救赎》中描述了这样一个片段，有一位老人因犯罪很早就被送进了监狱，在所有被监禁的人当中，他非常适应这种生活，甚至还以犯人的身份担任图书管理员。多年之后，当他出狱回到现实生活，他反而觉得不适应，最终选择结束了自己的生命。

每次看到这里，我总会发出一声叹息。身为人类，最悲剧的事实就是我们以为自己在用思维来认知这个世界，但思维恰恰是禁锢我们的监狱。老人的身体已经离开了监狱，可是他的思想依旧被禁锢在"信念的监狱"里，而思维的禁闭、信念的禁闭是如此的真实，让人难以逃脱。

如同尤瓦尔·赫拉利（Yuval Harari）在《人类简史：从动物到上帝》[1]中所说的："身为人类，我们不可能脱离想象所建构出的秩序。

---

[1] 尤瓦尔·赫拉利. 人类简史：从动物到上帝 [M]. 林俊宏. 译, 北京：中信出版社, 2014.

每一次我们以为自己打破了监狱的高墙、迈向自由的前方，其实只是到了另一间更大的监狱，把活动范围稍稍加以扩大。"对个人而言，这种监狱般的束缚就是认知禁锢，而对组织来说，它就是"组织心智"。

组织心智看不见、摸不着，但又无处不在，它影响着企业的一举一动。通常，它隐晦不明、无法言传、深藏不露，但又无所不在，没有它，我们什么也做不了。组织心智一旦成形，就会自动化运转，很难被改变。什么叫自动化？就是你不知道它的存在，却在潜移默化中接受它的影响。

大多数企业都存在明显的组织心智自动化现象。

比如，百度的组织心智是搜索，新浪的组织心智是媒体，联想的组织心智是"贸工技"[1]，盛大的组织心智是运营，而苏宁的组织心智长期停留在线下。正所谓"江山易改，本性难移"，组织心智或者也可以叫"企业的基因"。

被誉为"硅谷风投教父"的红杉美国合伙人迈克尔·莫里茨（Michael Moritz）有一句名言："一个企业在最初创立的 18 个月中的基因，决定了一个企业的成败。"其实，这说的正是组织心智的重要性。

能够在组织心智层面实现自我突破的企业少之又少。但是，一旦突破，它便会迎来天翻地覆的全新局面。比如，英特尔的自我颠覆，

---

[1] "贸"是指贸易，即做买卖，如代理、代销、经销等；"工"是指加工、生产，其形式有很多种，既可以是自己加工生产，也可以委托加工、外协加工等；"技"是指技术，即研发，包括开发新技术、新产品等。"贸工技"是指先做生意，实现一定的原始积累，求得生存，然后开发新技术、新产品并进行销售，找到新的利润增长点。

又如 IBM 彻底放弃原有的个人计算机业务，全面拥抱信息技术和业务解决方案。

其实，更多的企业还是在原有组织心智上做加法，典型的例子是阿里巴巴和腾讯。阿里巴巴早期的组织心智是"电商"，后来慢慢转变为"电商 + 金融"，腾讯则在"社交"的组织心智中添加了"投资"的基因。

企业的组织心智一旦形成，极难改变，既然如此，我们为什么还要学习组织心智？答案之一便是简化预测。

企业的决策者经常使用基于连续性假设的预测方式，通常的做法是将过去的数字进行加权平均，或是以过去的趋势作为未来的预测基础。这种简化的预测方式在企业第一曲线昂扬向上时没有问题，但前提是外在环境不变。一旦面临非连续性时刻，原本帮助决策的基于连续性假设的心智模式，往往会变成通往改变之路上最大的障碍。

需要提醒大家的是，即便面对外在环境的变化，企业的决策者所"看到"的资料，还是与现行组织心智模式"相符合"的资料，而不是与此模式相矛盾的资料。通俗地讲，你只能看到你的心智模式想看到的东西。

正因为如此，理查德·福斯特在《创造性破坏》一书中给出了这样的论断："在不连续时期，除非企业的决策者有所变动，从而引进更新或更适当的心智模式，否则仅靠原班领导者绝不可能放弃现行的心智模式。"

这里我们不禁要问，为什么会有组织心智？原因有二：一是客户依赖；二是增长魔咒。接下来，我们将分别讲解。

客户为王的客户依赖

客户依赖的背后是价值网理论，当企业将相关的要素组合在一起形成价值网之后，价值网既给企业提供了生存资源，同时也决定了企业发展的边界。这里谁是企业价值网最主要的决定力量呢？答案是客户。

熊彼特认为，在经济结构处于均衡状态时，即在连续性时期，企业价值网最重要的影响力量来自需求侧的消费者或客户。他们通过手中的资源（钞票）选择商品，进而推动产品技术的走向，即我们经常说的"客户为王"或"消费者为王"。这句话很容易理解，谁给你面包，你就替谁唱赞歌。客户购买了企业的商品，从另外一个角度来讲，客户的资源也流向了企业，而所有的决策都是资源配置做出的决定，所以消费者的购买行为自然而然地对企业产生了重大影响。

企业属于什么价值网，通常取决于自己的核心客户，而一旦企业归属于某种客户价值网之后，通常情况下很难从价值网中逃脱。对企业的经营者来说，虽然公司是他们创办的，也是他们带领公司走上发展正轨的，但真正决定企业发展路径的是价值网，我们只是在价值网右上角迁移力的影响下不断地做出决策而已。

在两条曲线转换的过程中，即在非连续性时期，总有一小部分"创业者"会通过创新打破经济体系暂时的均衡状态，进而产生一种新的均衡，我将此阶段称为"创业者为王"（见图 5-1）。

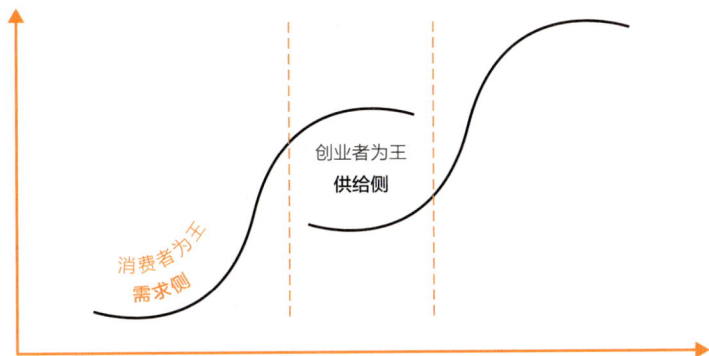

图 5-1 从消费者为王到创业者为王

熊彼特在他的著作中用了很大的篇幅来讴歌创业者，他说只有创业者才有可能把资源从第一曲线里释放出来转移到第二曲线之中。换句话说，在非连续性时期，如果企业依旧以消费者为王，根本不可能从原有曲线中组合出新的资源。在这种情况下，只有创业者、供给侧才拥有颠覆的力量。

关于供给侧的"创业者为王"阶段，我将在第六章中详细阐述，在此不做赘述，让我们回到本章的重点——需求侧的"消费者为王"阶段。我先来拆解一个《创新者的窘境》中的经典案例，这个案例主要围绕 1976—1995 年硬盘行业的颠覆式创新展开。

硬盘行业的同生共死

　　在选取案例样本之前，克里斯坦森的一位朋友向他提了一个建议："那些研究遗传学的人会尽量避免研究人类，因为人类需要30年左右才能繁衍出下一代。他们研究果蝇，因为果蝇朝生夕死，在一天的时间内便完成了生命的全过程。如果你希望了解某些商业现象，那就应该去研究硬盘行业，这一行业是商业领域最接近果蝇的类型。"

　　的确，在世界商业史上，鲜有行业能像硬盘行业那样，经历如此广泛、快速且残酷的技术变革、市场结构转变以及全球范围纵向整合方面的变化。在书中，克里斯坦森援引了《磁盘／趋势报告》公布的大量数据并加以整合、统计，结果表明：从1976年到1995年的20年间，硬盘行业的连续性技术创新发生了111次，突破性技术创新发生了6次，颠覆式创新发生了5次。

　　令人震惊的是，在经历多达111次的连续性技术创新和6次突破性技术创新之后，在位企业的竞争成功率竟然高达100%。换言之，一家失败的在位企业都没有。但在5次颠覆式创新发生后，在位企业的竞争成功率变为零，全军覆没，一败涂地。这是一个十分极端的案例，看到这样的数据之后，想必你就能理解为何我将颠覆式创新称为创业者的"理想后门"。

在 1975 年，计算机行业的主要客户是以 IBM 为主的大型计算机制造商，占市场总份额的将近 70%。它们需求的硬盘驱动器主要规格为 14 英寸[1]，主要供应商是数据控制公司，占市场总份额的 55% ～ 62%。

当时，大型计算机市场的硬盘容量需求每年增长 15%，而每年新上市的普通 14 英寸硬盘的容量在右上角迁移力的作用下，以更快的速度增长，年均增长率达到 22%。

1978—1980 年间，昆腾公司等几家新兴企业开发了尺寸更小的 8 英寸硬盘，但容量只有几十兆。大型计算机制造商对这些具有"颠覆性"的硬盘并不感兴趣，因为它们要求硬盘驱动器具有 300 ～ 400 兆的容量。于是，这些 8 英寸硬盘被销往一个全新的应用领域——微型计算机市场。相对主流的大型计算机市场而言，微型计算机市场属于典型的低端边缘市场，而这在日后成了 8 英寸硬盘颠覆式创新的舞台。

通过积极的连续性创新，8 英寸硬盘以每年超过 40% 的速度提高容量，到了 20 世纪 80 年代中期，8 英寸硬盘已经能够满足大型计算机的容量要求，成本却降至 14 英寸硬盘之下。换言之，它既方便又便宜。

3 ～ 4 年后，8 英寸硬盘开始疯狂蚕食大型计算机市场，14 英寸硬盘的知名制造商开始陨落。在这些成熟企业中，有 2/3 从未推出过 8 英寸硬盘产品，另有 1/3 落后 2 年方才推出。最终，14 英寸

[1] 1 英寸 ≈ 0.0254 米。

硬盘制造商全部被硬盘行业淘汰。需要注意的是，被市场淘汰的并非 14 英寸硬盘的生产技术，而是拥有这项技术的公司。

为何原本占据市场半壁江山的数据控制公司没能及时推出具有颠覆性的 8 英寸硬盘产品？答案显而易见，数据控制公司完全具备研发 8 英寸硬盘的技术能力，但是它们之所以在竞争中失利，是因为迟迟没有做出进入 8 英寸硬盘这一新兴价值网的战略决策。

克里斯坦森采访了数据控制公司的相关管理人员，他发现数据控制公司的战略决策实际上受制于它的主要客户 IBM，而当时的 IBM 并不需要 8 英寸硬盘，需要的是容量更大的 14 英寸硬盘。最终的事实证明，对数据控制公司而言，客户依赖是一个致命的错误。

但是，人类容易忘记历史的教训。很快，新的教训又发生在 8 英寸硬盘的制造厂家身上。

1980 年，希捷公司推出了比 8 英寸硬盘体积更小的 5.25 英寸硬盘，但它 10 兆左右的容量丝毫没有引起微型计算机制造商的兴趣，因为它们当时要求供应商提供 60 兆容量的硬盘驱动器。希捷公司以及其他于 1980—1983 年进入 5.25 英寸硬盘市场的企业在无奈之下，只好将产品转销至台式计算机这一应用领域（甚至可以说是它们创造了这一新兴价值网）。

台式计算机的硬盘容量需求的增长率是每年 25% 左右，而技术提升的速度再次在右上角迁移力的作用下，达到新市场需求的近 2 倍。1980—1990 年，5.25 英寸硬盘的容量以每年约 50% 的速度飞速增长。很快，5.25 英寸硬盘容量的增长轨迹与当时主流的微型计算机市场的需求轨迹交汇，将 8 英寸硬盘的制造商淘汰出局。

与此前 8 英寸硬盘颠覆式创新的情形如出一辙，率先生产 5.25 英寸硬盘的企业也是新兴企业；在位企业推出同类型产品的时间平均落后 2 年。到了 1985 年，只有一半的 8 英寸硬盘生产商推出了 5.25 英寸硬盘产品，剩下的一半则彻底失去了同台竞技的机会。

历史总是惊人的相似，8 英寸硬盘制造商颠覆了 14 英寸硬盘制造商，没过多久，自己却被 5.25 英寸硬盘制造商淘汰出局。原因何在？是管理水平下降，还是技术进步不足？两者皆非，这一结局看似偶然，实属历史的必然，背后暗藏着"市场选择"（客户依赖）的神奇力量。

绝大多数的在位企业都秉持"客户为王"的惯性思维，它们会将主要资源聚焦于主营业务，保持对旗舰产品的高度关注，坚持"优质客户至上"的理念，经常性地进行市场调查，力图使客户完全满意，将第一曲线做大做强，并在第一曲线的"黑洞效应"[1] 之下，忽视甚至扼杀第二曲线创新。

这就是"市场选择"的力量，甚至成为在位企业的宿命，我们希望每位创业者对此都能时刻保持警醒。客户确实是企业最宝贵的资源，但在某些时候，它也会成为企业最主要的禁锢力量。原因就

---

[1] 经济学中的"黑洞效应"，是指企业的一种自我强化效应。企业的第一曲线会像黑洞一样，产生非常强的吞噬和自我复制能力，把它势力所及的大量资源吸引过去，形成一个正向加速循环的旋涡。

在于，企业所在的价值网根本不由企业自身决定，而是取决于市场资源的配置，并受到客户手中资金的严重制约。

历史的车轮持续向前。1984 年，西班牙新兴企业 Rodime 公司率先成功地研发出 3.5 英寸硬盘。希捷公司并没有对这一新型号产品充耳不闻。1985 年年初，希捷公司的销售人员便向台式计算机市场的主要客户展示了尚在研制中的 3.5 英寸硬盘样机。不出所料，客户的反应较为冷淡，这让希捷公司的管理层直接取消了这一项目计划。

希捷公司的表现绝非个例。到 1988 年，在 5.25 英寸硬盘的主要制造商中，仅有 35% 推出了 3.5 英寸硬盘，而剩下的 65%，大多错过了新兴的笔记本电脑价值网。

与希捷公司形成鲜明反差的是昆腾公司。1984 年，昆腾公司的几名员工敏锐地察觉到 3.5 英寸硬盘和笔记本电脑市场的无穷潜力。这几名员工决定离开昆腾公司，创立一家新公司来验证他们的判断。

昆腾公司并没有就此放手让他们离开，而是决定出资为这些员工成立一家分公司，并持有分公司 80% 的股份。这无疑是一个极为睿智的决定，到了 1987 年，昆腾公司主打的 8 英寸和 5.25 英寸硬盘在市场上已基本销声匿迹，于是它收购了分公司剩余的 20% 股份，重组为一家 3.5 英寸硬盘制造商，后来还成功地完成了从 3.5 英寸硬盘过渡到 2.5 英寸硬盘的连续性创新。到 1994 年，新昆腾公司成了世界上销量最大的硬盘制造商。

从硬盘行业的案例中，我们发现了一个十分诡异的企业与客户

"同生共死"的价值网之谜（见图 5-2）——14 英寸硬盘制造商与大型计算机同生共死，8 英寸硬盘制造商与微型计算机同生共死，5.25 英寸硬盘制造商与台式计算机同生共死……我们鲜少见过同生共死的爱情，但在价值网里，企业与客户同生共死的现象比比皆是。

这是一个发人深省的商业故事，如同米缸里的老鼠在装满米的

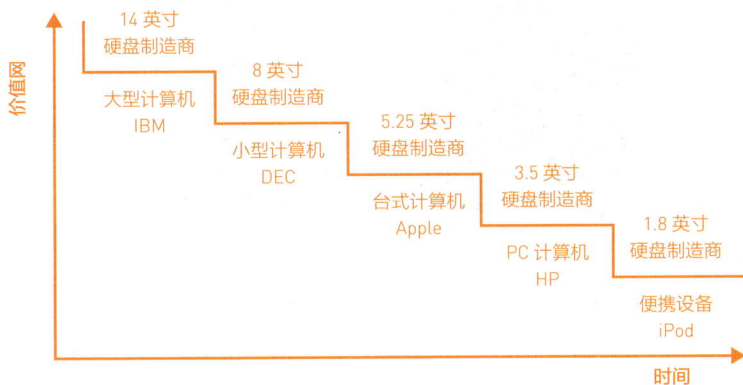

图 5-2　诡异的价值网之谜：与客户同生共死

米缸里吃喝玩乐，随着米越吃越少，直到有一天老鼠再也跳不出米缸，只好继续生活在米缸中。最后，老鼠突然发现米缸里一粒米都没有了，只能活活地饿死在缸里，这是一个极好的隐喻（见图 5-3）。

有时候让客户满意就像一个巨大的陷阱，企业被牢牢禁锢，无法自拔。一旦客户的情况发生巨大的变化，企业只能无奈地与其共赴死地。假如你的企业 30% 的订单来自一家大客户，客户发展顺风顺水时自然合作愉快，如果客户遭遇较大的危机，就会产生极为严

重的连锁反应，那么你的企业很有可能成为米缸里的老鼠。就个人而言，我们是不是也活在某一个米缸里而浑然不觉呢？

　　新锐历史学家尤瓦尔·赫拉利在《人类简史：从动物到上帝》

图 5-3　米缸里的老鼠

一书中，记录了这样的故事。

　　　　从进化的角度来看，小麦是地球上最成功的植物。小麦的秘诀就在于操纵智人，为其所用。从种植小麦开始，人类从早到晚只忙这件事就已经焦头烂额。小麦不喜欢石头，人类就只能把田地里的石头捡干净搬出去，让自己腰酸背痛；小麦不喜欢与其他植物分享水和养分，人类就要除草；小麦渴了，人类就要为它浇灌；而人类的身体适合爬果树、追瞪羚，并不适应田间劳作，因此在人类的身上出现了腰椎间盘突出、关节炎和疝气等疾病。

　　　　为了收割自己辛勤耕种的小麦，人类必须驻扎下来，从而形成村落，随之人口迅速增长，更加依赖小麦这种食物。从此，人类再也离不开小麦，再也不可能从农业生活退回到采集生活。与其说人类征服了小麦，不如说小麦奴役了人类。

将尤瓦尔·赫拉利的观点套用在商业领域，便能得出一个结论："与其说我们拥有客户，不如说我们被客户拥有。"企业拥有何种价值网，通常取决于核心客户。在通常的商业规则下，企业绝难从价值网中逃脱。由此，克里斯坦森给出了一个听起来并不令人愉快的结论："真正决定企业未来发展方向的是价值网，而非管理者。管理者只不过扮演了一个象征性的角色而已。"

难以破除的增长魔咒

在理解了客户依赖之后，我们来看第二个形成组织心智的原因：增长魔咒。"西方经济学之父"亚当·斯密（Adam Smith）将企业视为等价于"理性人"的组织，而追逐利润是企业的根本，因此"企业的天职是利润最大化""企业是关于收入和利润的游戏"这种观点，在西方经济理论中有着根深蒂固的地位。[1]

时至今日，这一观点发生了戏剧性的变化。越来越多的上市公司将关注的焦点从企业的收入和利润转向资本的回报。相对于商品市场的表现，它们更加看重自己在资本市场的表现，看重在财务报表或 K 线图中或红或绿的数字，也就是企业的增长情况。企业的估值不再与企业创造的价值相关，而是与未来的增长水平紧密相连，就像小狗脖子上的绳索一样，企业被勒得喘不过气。

更可怕的是，仅有增长还远远不够，资本市场对"超预期的增长"更加敏感，如果增长低于预期水平，资本市场照样会"用脚投票"[2]。这是一个虚幻的故事，企业经营变成了超预期增长的游戏。

---

[1] 1947 年，萨缪尔森的《经济分析基础》一书出版，他在书中首次将经济学的全部问题归纳为一个"最大化问题"。1970 年，萨缪尔森在发表的题为《经济分析的最大化原则》的演讲中称："经济学这个术语的基本含义就是利润最大化，这是这门学问的真正基础。"

[2] 所谓"用脚投票"，原指资本、人才、技术等资源自发地流向能够提供更加优越的公共服务的区域，现被广泛用于诸多领域。

然而，在上市的企业中，只有10%的企业能够维持良好的增长势头，只有2%的企业长期绩效超过市场绩效。企业若只完成一个关于增长的游戏，那么将会遭遇巨大的窘境。

正如克里斯坦森所言："企业增长率必须超越社会舆论对其预测的数值，才能使其股价大幅上扬。这是一个沉重的、无法摆脱的负担，这个重担压在了每一个执着于追求股东价值的企业高管头上。"

通用汽车的CEO里克·瓦格纳（Rick Wagoner）曾有一句名言："财务分析告诉我，早点推出一款烂车胜过晚些推出一款好车。"作为通用公司的CEO，瓦格纳为何说出如此短视的话？原因便在于资本价值网的挟持。

我在斯坦福大学听过Neflix公司创始人里德·哈斯廷斯的一堂课。在他看来，"今天美国大公司的一大通病，就是职业经理人的任期太短，而回报与股市息息相关，这便让他们更加关注财务数据，而非产品和创新"。

这就是大企业无法进入小市场的原因所在。在位企业往往无法进入新兴的边缘市场，因为新兴市场的体量太小，无法解决在位企业的增长需求。试想，一家年收入4000万元的企业，只需要增加800万元的收入就能够实现20%的增长，而对一家年收入40亿元的在位企业而言，要想实现同样的增长水平，则必须增加8亿元的收入，这远不是新兴市场能够提供的。因此，便出现了克里斯坦森笔下"回不去的低端市场"现象。

当企业不断发展壮大时，它们也基本丧失了进入小型新兴市场的能力。而所有的破坏性创新机会，一开始都是小市场。慢慢成长，突然有一天指数级加速，你将再也追赶不上。你最渴望的东西，往往也是最制约你的东西。成于增长，亡于增长。

虽然企业都在极力追寻未来的增长空间，但是你最渴望的往往也是最制约你的，增长也会牢牢地禁锢着企业。在管理层面，哈佛商学院教授、被誉为"颠覆创新之父"的克莱顿·克里斯坦森提出过一个概念——增长魔咒。

克里斯坦森曾在《创新者的解答》一书中给出这样的论断：每10家企业中，大约只有1家能够维持良好的增长势头。著名战略报告《失速点》[1]（*Stall Points*）也指出："1955—1995年，在172家世界500强企业里只有5%产生了超过通货膨胀率的增长。而一旦企业到达失速点，只有4%的企业能够重启增长引擎。"

以上两组数字指向了同一个结论——增长十分重要，但要保持持续增长则会难上加难，这就是困扰无数企业的"增长魔咒"。如果你对此仍持怀疑态度，不妨看看福斯特在他的另一本著作《创造性破坏》中给出的两组数据。

1917年，美国的《福布斯》（*Forbes*）杂志第一次提出了百强企业的说法，到1987年恰好过去了70年。在第一批的100家企业中，有61家已经销声匿迹，只剩下18家还留在百强名单中，包括通用电气、柯达、杜邦、福特汽车、宝洁等世界知名企业。

理查德·福斯特统计了这些企业70年来的年均复合增长率，结果令人震惊。大多数企业的投资回报率居然比整个市场的企业平

---

[1] 企业战略委员会在1988年发表于WashingtonDC:Corporate Strategy Brard。

均投资回报率还低，只有通用电气和柯达两家企业高于平均值（见图 5-4），占到首批百强企业的 2%。当然，后面的故事大家都知道，硕果仅存的这两家企业也都倒在了时光的长河中。

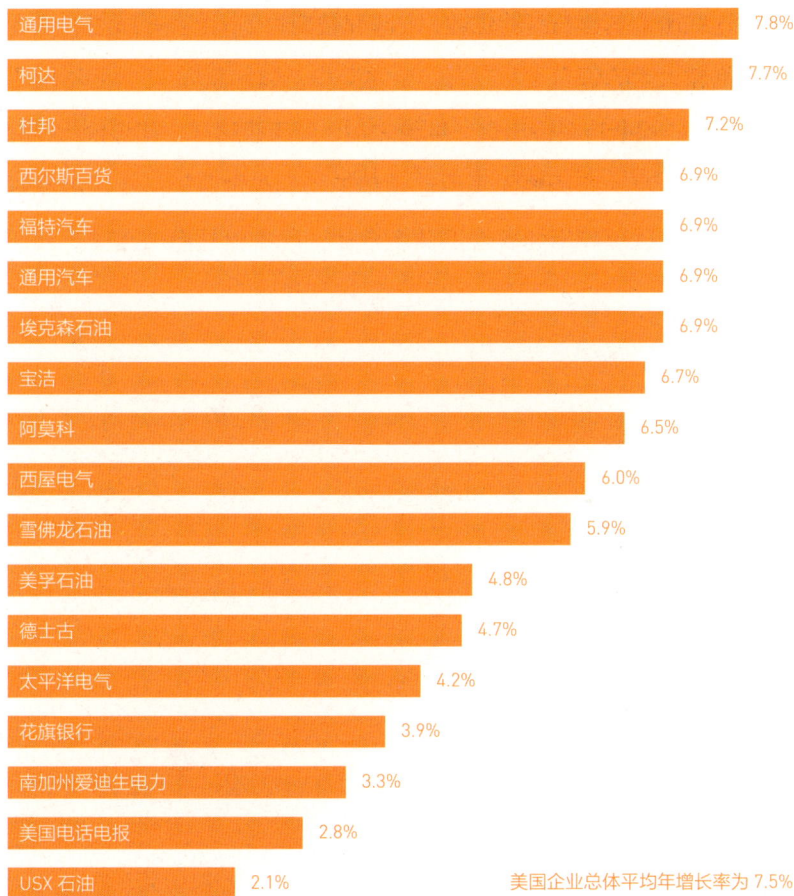

企业	增长率
通用电气	7.8%
柯达	7.7%
杜邦	7.2%
西尔斯百货	6.9%
福特汽车	6.9%
通用汽车	6.9%
埃克森石油	6.9%
宝洁	6.7%
阿莫科	6.5%
西屋电气	6.0%
雪佛龙石油	5.9%
美孚石油	4.8%
德士古	4.7%
太平洋电气	4.2%
花旗银行	3.9%
南加州爱迪生电力	3.3%
美国电话电报	2.8%
USX 石油	2.1%

美国企业总体平均年增长率为 7.5%

图 5-4　1917—1987 年市场资本化复合年增长率

为了增强结论的客观性，福斯特又提供了另一组数据：于 1957 年组成标准普尔 500 指数的最初 500 家企业，在 40 年后的 1997 年，只剩下了 74 家，其中，只有 12 家企业的长期表现超过了标准普尔指数本身，占最初 500 家企业的 2.4%。

这些所谓基业长青的企业，一向都被视为美国经济的支柱。然而，能够跑赢大盘的仅有 2% 左右，少之又少，或称其为 "大而不倒" 更为恰当。福斯特在得出这一结论之后，留下了这样一句评价："就长期绩效而言，市场整体表现总是超越'长青企业'。麦肯锡的研究表明，永远超越市场表现的黄金企业，基本上是海市蜃楼、神话传说。"

建立独立小机构

　　当我们理解了组织心智的力量，在面临非连续性时，企业应该如何应对组织心智的窘境？

　　我认为创业家有两个职责：第一，让现有的核心业务曲线发展到极致；第二，带领新组织开辟新的价值网曲线，即"守正"和"出奇"。

　　"守正"指的是要对第一曲线进行管理，让现有核心业务曲线发展到极致，推迟"极限点"可能出现的时间，即任何一个产品或业务都有它的生命周期，一旦开始生长，它将沿着自己的生命曲线尽力地生长，尽其天年而不中道夭折。从现实来讲，如果你有一个稳定的第一曲线，有现金流、流量池、好口碑，这是好事情，不要去折腾它。与此同时，既不要把第一曲线转型到第二曲线，也不要把第二曲线合并进第一曲线。

　　"出奇"则是指企业在对待第二曲线创新时，一定要积极进取，带领新组织开辟新的价值网曲线，通过对第二曲线的扶持，为企业赢得全新的增长空间。克里斯坦森认为，一个成熟的机构总是希望在保持主流市场的竞争力的同时，全方位地开发破坏性技术。事实上，有充分的证据证明，这基本上是一条死胡同。当你的主要目光在第一条曲线之上时，在第一曲线上根本无法长出有力量的第二曲线，除非企业成立两个彼此独立的机构（从属于不同的价值网） 来吸引不同的目标客户。原因很简单，克里斯坦森说过："你无法颠覆你自己（You cannot disrupt yourself）。"

需要说明的是，所谓"独立"，是指颠覆式创新组织要与现有组织相区隔，拥有独立的成本结构、销售渠道、决策标准、组织文化和心智模式，并不一定要在不同的地点办公，也不一定是独立的股权公司。最重要的一点是，原有组织中的项目不能与新项目争夺资源。

与此同时，新业务刚出来时，成本结构和市场规模都比较小，需要给新业务足够的时间、空间去成长，所以，还要设立成本结构和市场规模相适应的小型机构，以此应对看起来很小的破坏性机遇，也就是以独立小机构来应对看起来很小的新机遇。

建立独立小机构的道理听起来很简单，执行起来却非常困难。如果仅是设立独立小机构，让内部员工组成的小团队去尝试，即使尝试完成了，也很难获得成功。探索新的方向时，创始人和CEO一定要特别关注独立小机构，因为只有它们才能承担得起相应的风险。

克里斯坦森在《创新者的窘境》中说："我们还从来没有发现有哪一家企业能够在没有CEO参与的情况下，成功地应对颠覆其主流价值观的变革……如果CEO仅仅把成立分支机构视为一种摆脱颠覆式创新威胁的工具，那么几乎可以肯定地说，等待他们的将是失败的命运。"

这一结论在《创新者的解答》一书中并未改变，克里斯坦森写道："在颠覆式创新的管理流程凝聚之前，高管的亲自监管是颠覆性业务获得成功所需的最重要资源之一……感受到面对情况的变化并及时做出反应，这个角色只有 CEO 才能演好……我们最令人深省的发现之一是，在众多的公司中，那些成功地捕捉到随后的几波浪潮并在行业中成为领头羊的幸运儿，在管理颠覆性业务时，绝大多数仍由企业的创始人操刀，只有少数公司由职业经理人完成。"

我们也看到很多的案例都是这样发生的（建立独立小机构），比如腾讯的微信业务部门并没有设在深圳，而是设在广州，阿里巴巴的淘宝网也是在原来 B 端的业务之外设立的单独机构，搜狐的搜狗和新浪的微博等皆是如此。

接下来，我们重点讲一下亚马逊是如何用独立小团队进军电子书市场的。

亚马逊进军电子书市场

　　纸质书在几千年前也是一种高科技产品。几千年后的今天，能否将这项高科技再向前推进一步，是贝索斯一直思索的问题，而数字化阅读正是他找到的答案。接下来考验贝索斯的则是谁来做和如何做，这是亚马逊面临的关键选择。

　　在《一网打尽：贝索斯与亚马逊时代》中，布拉德·斯通写下了这样一段话："那时，贝索斯和高管们正在激烈地讨论一本书——《创新者的窘境》，这本书大大影响了亚马逊公司的战略。克里斯坦森指出，大公司的失败并不是因为它们想避免颠覆式的变化，而是因为它们不愿意接受大有前途的新市场——新市场可能会破坏它们的传统业务，而且可能无法满足它们短期增长的需求。例如，西尔斯[1]未能成功地从百货商店转换为折扣零售商，IBM 没有及时地把大型机转变为小型机。"

　　在《创新者的窘境》的影响下，贝索斯坚定了自己打造数字化阅读品牌的决心。他对此寄予厚望，将这项业务命名为"Kindle"（点燃），希望以此点燃大众的阅读热情。贝索斯选中的项目带头人是史蒂夫·凯赛尔（Steve Kessel）。凯赛尔是亚马逊 10 位高管

---

[1] 西尔斯·罗巴克公司的简称，成立于 1886 年，曾是世界最大的私人零售企业，2005 年被凯马特公司并购。

之一，他是一位极富远见的元老级人物，自 1999 年起就与贝索斯进行密切的合作，他当时主管亚马逊的线上图书业务。凯赛尔同样对新业务 Kindle 抱有极大的热情，但他觉得这项业务开始时并不会占用自己太多的时间和精力，反倒可以从传统图书业务中借力，完全可以兼顾。

然而，贝索斯并不这样认为。他从《创新者的窘境》中吸取了教训，坚持认为凯赛尔无法同时管理纸质媒体和数字媒体两个基因完全不同的业务，并对凯赛尔说："你未来的工作就是干掉你现在的生意，你的目标是让所有卖纸质书的人都失业。"大家要牢牢记住这句话，在做出关键决策时，它一定会给你带来巨大的力量。凯赛尔在克里斯坦森理论的指导下，开始组建 Kindle 项目团队。

2004 年，贝索斯解除了凯赛尔在亚马逊线上图书部门的管理职务，让他在加利福尼亚州的硅谷建立了一个子公司，远离亚马逊位于西雅图的总部，并从硬件部门中抽调精兵强将，重新组织了一个团队，命名为"Amazon Lab 126"（亚马逊硬件设备实验室）。

"Amazon Lab 126"和 Kindle 项目，不但在资源、团队、地理位置等方面都与亚马逊原有的组织相隔离，甚至连项目本身都处于严格保密之中。在 2006 年的一次亚马逊全体员工大会上，有位员工站起来问贝索斯："您能告诉我们'Amazon Lab 126'是什么吗？"贝索斯粗略地回答道："它是加利福尼亚北部的一个研发中心，请继续下一个问题。"

这就是 Kindle 诞生的故事，如今的 Kindle 已自成生态，成功地孵化出电子书这个商业领域的新物种，改变了全球数以亿计读者的阅读习惯。在大多数公司里，如果用原有的"老臣"去做新业务，失败的可能性会非常大。大部分企业只是简单重复固有流程而已，不具备创新能力，又缺乏创新训练的人才，很难主导创新业务。因此，你必须找到那些具备创新能力、拥有专业技能并且具有创业精神的人来做新业务，这一点非常重要。

想想我们自己和自己所在的公司，有没有可能被隐含的组织心智禁锢？我相信一定有。但只要我们敢于直面它，把无意识的集体信念有意识化，就能从禁锢中走出来。

物理学家马克斯·普朗克（Max Planck）有句名言："科学随着每一次（某个老科学家）的葬礼而进步一点。"我们把这句话转换到商业界：商业上的每一次进步都伴随着某巨头的葬礼。

接下来我讲一个前几年的案例，我非常尊重这家公司，但这家公司是典型的组织心智案例，它就是曾经全球最大的个人计算机（PC）制造商——联想。

浮沉联想

联想是中国最早一批进入 PC 领域的企业，被称为中国的民族企业，也有过辉煌的历史，但在过去很长的时间里，联想的发展一直起起伏伏，不尽如人意（见图 5-5）。

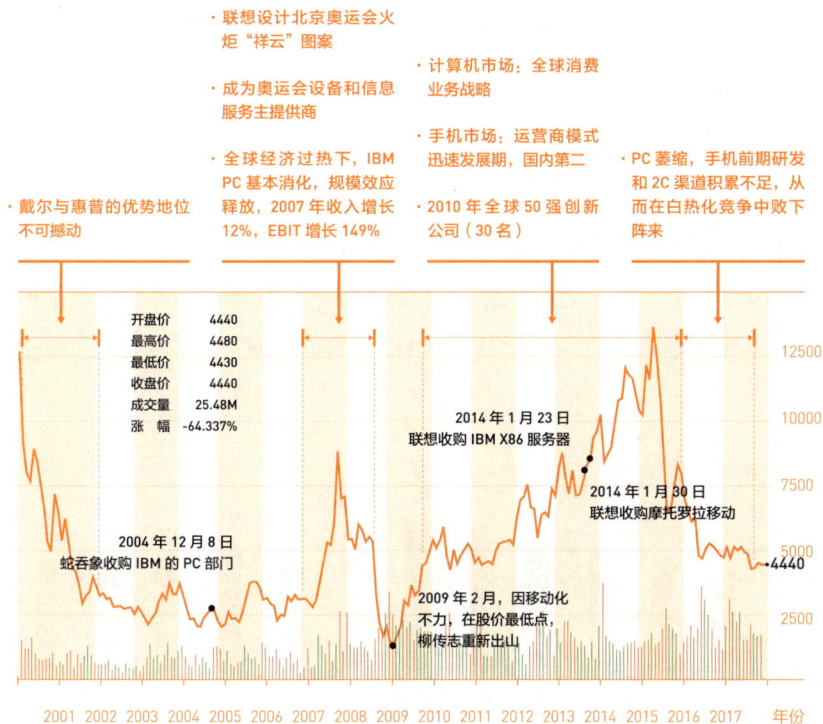

- 戴尔与惠普的优势地位不可撼动

- 联想设计北京奥运会火炬"祥云"图案
- 成为奥运会设备和信息服务主提供商
- 全球经济过热下，IBM PC 基本消化，规模效应释放，2007 年收入增长12%，EBIT 增长 149%

- 计算机市场：全球消费业务战略
- 手机市场：运营商模式迅速发展期，国内第二
- 2010 年全球 50 强创新公司（30 名）

- PC 萎缩，手机前期研发和 2C 渠道积累不足，从而在白热化竞争中败下阵来

开盘价	4440
最高价	4480
最低价	4430
收盘价	4440
成交量	25.48M
涨 幅	-64.337%

2014 年 1 月 23 日
联想收购 IBM X86 服务器

2014 年 1 月 30 日
联想收购摩托罗拉移动

2004 年 12 月 8 日
蛇吞象收购 IBM 的 PC 部门

2009 年 2 月，因移动化不力，在股价最低点，柳传志重新出山

12500
10000
7500
5000 · 4440
2500

2001 2002 2003 2004 2005 2006 2007 2008 2009 2010 2011 2012 2013 2014 2015 2016 2017   年份

图 5-5   联想的发展历程

回顾联想的历程，2009 年是联想发展的一个重要分界线，当时联想的发展跌入谷底，但也成功触底反弹，迎来了久违的一波持续增长。在 2015 年 5 月 15 日，联想的股价到达历史最高点，但辉煌过后又是持续的走低。2016 年，联想股价一年跌掉了 60%。2018 年股价的下行依然继续，联想市值甚至一度缩水 83%。同年 5 月 4 日，联想被香港恒生指数剔除，当年外媒在报道中称，联想是全球最差的科技股。

从民族英雄企业到逐渐湮灭在互联网浪潮中，联想究竟遭遇了什么？接下来，我们就从价值网的角度分析一下联想的发展困局。

1. 第一曲线 PC 遭遇极限点

首先联想发展的第一曲线是 PC，如图 5-6 所示，这是联想全球 PC 历年的出货量数据，在 2011 年，联想的出货量到达最高点，紧接着一路下滑。之所以会出现这种情况，原因很简单，智能手机的问世改变了人们的网络使用习惯，直接导致了 2012—2017 年全

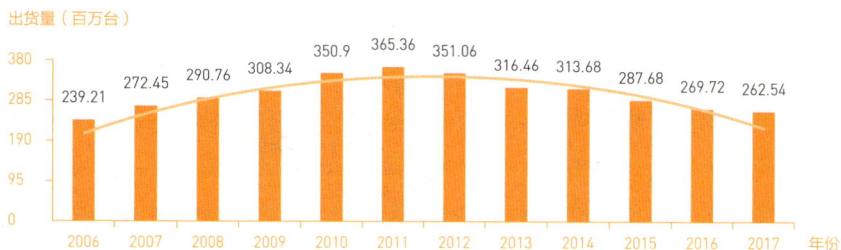

出货量（百万台）

年份	出货量
2006	239.21
2007	272.45
2008	290.76
2009	308.34
2010	350.9
2011	365.36
2012	351.06
2013	316.46
2014	313.68
2015	287.68
2016	269.72
2017	262.54

图 5-6　全球 PC 行业出货量变化示意图（2006—2017 年）

球 PC 出货量连续六年下跌。从这个角度来说，2011 年实际上就是全球 PC 出货量的极限点。

但是，在 PC 行业整体衰落的环境之下，联想却实现了持续增长，2013 年销量超过惠普，成为全球 PC 市场的霸主，占据世界 16.7% 的市场份额。极限点的到来虽然会迟到，但从不失约，2014 年联想自己也走到了 PC 业务的极限点。从 2015 年开始，联想 PC 出货量逐年下降，2017 年被惠普反超。

同时遭遇行业极限点和企业极限点，这个时候任何企业的领导者都无力回天。虽然联想的 PC 业务遭遇了不可逆转的困境，但联想始终被股市看好（见图 5-7）。因为在当时，联想的第二曲线已经展现出崛起的潜力，而这个第二曲线就是打败了 PC 的智能手机。

图 5-7 联想 PC 历年出货量与市值变化（2006—2017 年）

2. 第二曲线手机困于组织心智

了解联想的人应该都知道，早在 2009 年，联想就已经进军智能手机业务，到 2013 年联想手机在中国手机市场占有率排在第二位，仅次于三星，是国产手机里当之无愧的第一名。2014 年，联想耗资 29 亿美元收购了摩托罗拉手机。联想在手机领域的气势如虹，也成功地影响了投资者，2011 年联想手机全球出货量 370 万台，2012 年达到 2815 万台，2013 年达到 6646 万台，而到了 2014 年已经达到 9270 万台，所以 2009—2015 年，联想的市值不断攀升（见图 5-8）。

图 5-8　联想手机板块历年出货量和市值变化高度吻合（2011—2017 年）

虽然联想的财务数据非常喜人，但我们一定要看财务数字背后决定性的能力指标。在显性财务指标的利好之下，隐藏着隐性能力指标的不足。联想手机的崛起并不是依靠产品自身，而是依赖渠道，也就是所谓的运营商定制机。

众所周知，在进入移动互联网时代之后，运营商的主要利益来自用户使用的数据流量。但 2011 年，中国移动虽然拥有 7 亿用户，其中 3G 用户只有 7900 万。为了获取更多的收益，当时的中国移动最大的发展需求就是扩展更多的 3G 用户。由于对用户规模化的渴求，运营商非常重视 3G 手机的市场占有率。三大运营商为了发展 3G 用户，通过补贴方式定制了大量低价智能手机，运营商要求什么，手机厂商就生产什么，并形成了"中华酷联"[1] 的手机格局，而联想就是中国移动和中国联通主要的合作企业。

2012 财年，联想手机的出货量增长 1070%，市场份额由 2011 年的第十名一跃成为第二名，仅次于三星。此时联想手机已经成为中国移动和中国联通的最大供应商。2013 年的元旦和春节，中国移动投入巨资补贴，强势推广移动主导的 TD 信号 3G 网络，以扩充市场份额，一下子把联想的低端手机卖断货。2013 年，联想 70% 的手机出货量来自运营商渠道。

在运营商庞大的用户基数下，联想手机的销量在短时间内得到了快速提升，但其兴也勃焉，其亡也忽焉。运营商定制手机，本身就是企业与客户价值网的绑定。在这种情况下，联想手机虽然价格优惠，但质量相对一般，一旦运营商经营模式出现变化，联想也会受到影响。

---

[1] 当时中国内地的四家主流智能手机厂商，包括中兴、华为、酷派和联想。

果不其然，2014 年运营商政策改变，不再为合作企业提供大量补贴，联想的手机业务遭到了致命的打击。当然，联想的管理者并没有轻易放弃，他们也在不断地寻求提升手机产品在开放渠道销售比例的方法。

但是，在这个过程中，联想又做出了一个错误的决策，将手机业务和 PC 业务组合在一起，也就是说将第二曲线合并到了第一曲线。这是一个非常糟糕的举措，原本要变革的对象成为变革的执行者，这种组织结构的调整自然不会发挥任何效果。

结果，联想手机业务不但没有摆脱对客户的依赖，反而进一步提升了运营商渠道的销售比例。当时的联想，已经深陷客户价值网不能自拔（见图 5-9）。结果运营商渠道销售占比从 2012 年的 50% 上升到 2015 年 85%。

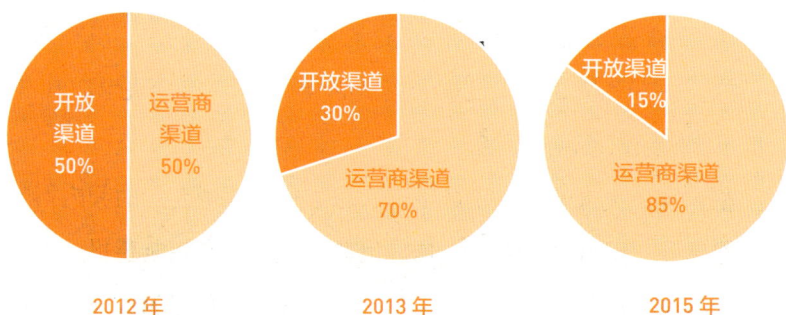

| 2012 年 | 2013 年 | 2015 年 |

图 5-9　联想手机出货渠道的变化

2017 年，联想移动业务仅占集团整体业务的 16%，反观 PC 业务，依然占据联想营业收入的 70% 和 100% 的利润。也就是说，截至 2017 年，联想仍然是一家 PC 企业，曾经对智能手机这条第二曲线发展的探索宣告失败，企业又重新回归了第一曲线（见图 5-10）。

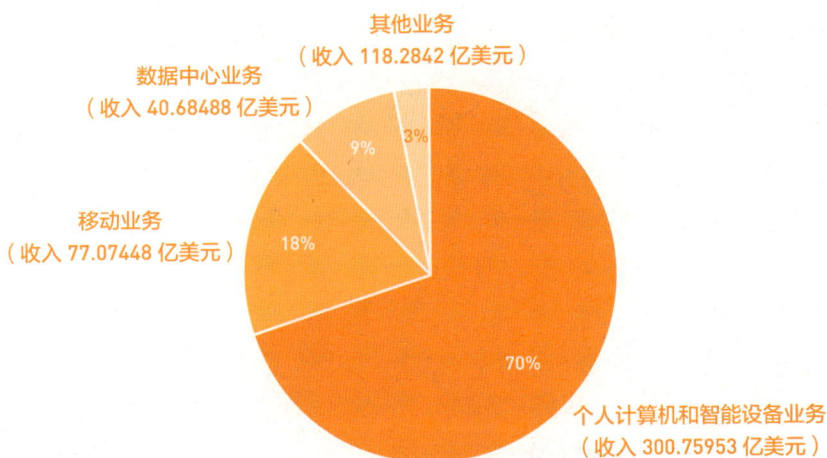

图 5-10　联想四大板块业务在全年营业收入中的占比情况（2017 年）

资料来源：联想年报（2017 年）。

无法果断放弃昨天，才是许多企业走向没落的真正原因。理查德·福斯特在《创造性破坏》中坦言，在不连续时期，除非是企业领导层有所异动，从而引进了更新、更适当的心智模式，否则原班领导者是不可能放弃现行心智模式的。

我们再一次重申，巨头企业的失败不是输给新兴的竞争对手，而是输给自己内部的既得利益和既有思维，所以作为企业管理者一定要了解价值网络和组织心智禁锢力量之大。

第六章

第二曲线：跨越极限点，引领破局增长

与传统认知不同，市场的秘密是用创新企业破坏老旧企业，因为创造性破坏越激烈，整体的回报率反而越高。类似的道理，企业也只有像市场"破坏"过气企业那样去"破坏"自己的过气业务和过气产品，完成从第一曲线向第二曲线的转换，才有可能让基业长青。

在讲解第二曲线之前，我们先要理解一个重要概念——极限点。我们在第二章中重点讲解了"破局点"的概念，而与破局点同样重要的是"极限点"，也正是因为有极限点的存在，我们才不得不开启第二曲线创新。第二曲线是我们创新理论的基础，也是本书最重要的模型。

识别极限点的能力价值千金

我们知道连续性创新很重要，但是连续性创新有一个隐含假设：只要努力，就能持续增长。然而，沿着同一条 S 曲线的连续性创新，存在一个致命的问题——连续性创新不可能无限持续下去，无论是技术、产品、组织还是企业发展，一定会到达极限点（见图 6-1）。如同爬山一定会爬到山顶，这就是极限点，而且极限点往往等于失速点。

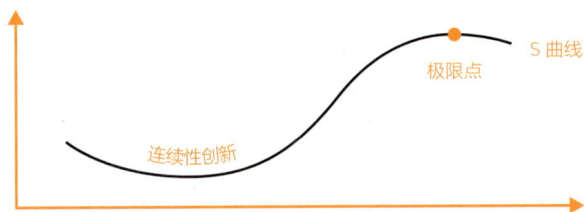

图 6-1　连续性创新的"极限点"

在《技术的本质》[1]一书中，"复杂性科学"创始人、熊彼特奖得主布莱恩·阿瑟（Brian Arthur）给出了这样的论断："在技术发展的过程中，总会遇到极限出现的那一刻。令人沮丧的是，极限点是不可避免的。"布莱恩·阿瑟在书中提到的"限制"和"局限性"，其实就是极限点。布莱恩·阿瑟对极限点的判断令人非常沮丧、

[1] 布莱恩·阿瑟. 技术的本质 [M]. 曹东溟，王健，译. 杭州：浙江人民出版社，2018.

伤心，因为到达极限点是一件不可避免的事情。

麦肯锡荣休董事理查德·福斯特在《创新：进攻者的优势》一书中，同样花了大量的篇幅研究企业的极限点。他认为，如果企业处于极限点，无论多么努力，也不可能取得进步。也就是说，企业处于极限点时，即使投入再多的人力、物力和资源，产出率也会不增反降。极限点是任何 S 曲线都无法逃脱的宿命，我们可以延缓极限点的到来，但无法完全消除极限点。

这本书出版于 1986 年，那时的人们更偏向于认为技术可以解决极限点的问题。然而更糟糕的是，情况恰恰相反，随着技术水平以一日千里的速度提升，极限点出现的频率越来越快。

全球复杂性学科研究中心、圣塔菲研究所前所长杰弗里·韦斯特（Geoffrey West）在《规模》[1]一书中对此进行了研究，它把这种现象称为"创新或者范式转移周期的加速"。韦斯特认为，这一过程就好比人们不仅是在跑步机上跑步，而且会不停地跳到更快的跑步机上奔跑。

回顾历史，以蒸汽机为代表的第一次工业革命历经大约 80 年，以电为代表的第二次工业革命历经大约 30 年，而到了信息时代，几十年的时间我们从互联网、移动互联网到物联网……技术周期已经多次更迭。在过去的工业时代，技术周期较长，出现极限点的情况不太常见，而今天的技术周期越变越短，出现极限点已成为常态。

极限点的存在挑战了经典的战略理论。理查德·福斯特在《创

[1] 杰弗里·韦斯特. 规模：复杂世界的简单法则 [M]. 张培，译. 北京：中信出版社，2018.

新：进攻者的优势》中指出，经典战略理论认为企业应该"坚守本业"。企业的成功建立在一组独特的竞争技能上，而这种技能要用许多年才能积累出来。因此，企业应该始终坚持深耕自己的核心专业领域，而不要轻易地转到新的领域。所谓"核心竞争力""核心战略"等企业惯用词，秉持的都是这一理念。

这种战略在成长性时期和连续性周期之内非常正确，确实能为企业带来较强的市场竞争力。遗憾的是，任何行业都会到达极限点，在企业逼近自己或行业的极限点时，越是坚守本业，便越容易走向末路。为了强化这一观点，福斯特给出了这样的数据：一旦遭遇非连续性，在原来的领军企业中，大概 10 个中有 7 个要被取代。

在这个世界上，物种之间的更迭往往是由于环境发生了变化，并且这种更迭是周期性发生的事情。企业会出现兴亡衰替，也正是因为大周期的存在，其中最大的受害者就是原有的行业巨无霸、"领头羊"。

在很多人的眼中，大企业的第一死因往往是管理出了问题，要么是企业的领导者无能，要么是团队内耗严重。通过大数据研究，以及对每个个案进行总结，你会发现，当环境发生变化，大企业通常坚守原有的核心能力，反而不利于跨越非连续性，因此到达极限点以及由此导致的非连续性断层期，才是大企业的第一死因。相反，小公司跨越非连续性取得成功的概率反而会大于大公司。

诺基亚公司在功能手机时期，连续保持了 14 年的行业领先地位。全世界平均每 6 个人中，就有 1 个人用的是诺基亚手机，但在智能手机时代，诺基亚迅速衰落。

诺基亚由盛转衰的极限点出现在 2007 年，那一年恰是诺基亚最辉煌的收获之年：市值 1500 亿美元，当年出货量 4 亿部，全球市场占有率高达 40%，是整个手机历史的顶峰期。迄今为止，没有一家手机厂商能够超越诺基亚在 2007 年取得的成绩。然而，世间万物盛极而衰，极限点之后便迎来无奈的下滑曲线（见图 6-2）。

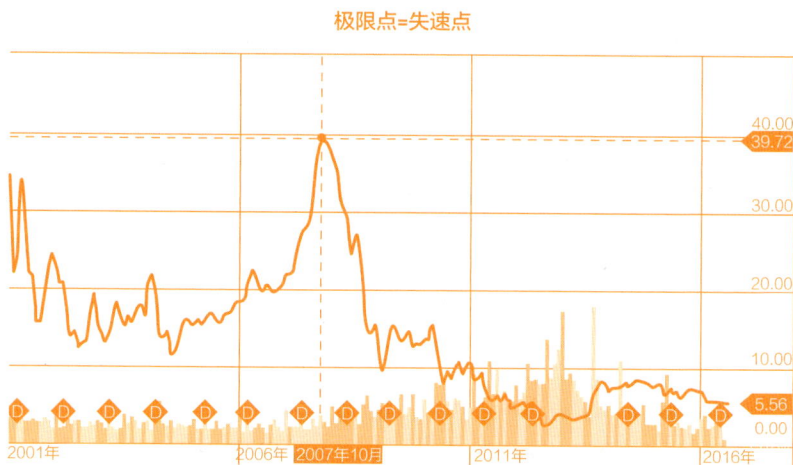

极限点=失速点

图 6-2 2007 年 10 月，诺基亚的市值达到顶峰，此后便断崖式下跌

在坚持了 6 年之后，诺基亚最终在 2013 年 9 月，被迫将手机业务以 72 亿美元的价格卖给了微软，一代手机霸主在智能手机时代彻底败下阵来，惨淡离场。诺基亚 CEO 约玛·奥利拉（Jorma Ollila）在同意微软收购诺基亚时感慨道："我们并没有做错什么，但不知为什么，我们输了。"当然，时至今日，诺基亚依靠为其他

企业提供通信设备制造和解决方案，已重新站立起来，这是后话。

从极限点的角度来看，诺基亚手机的败亡实属必然——2007年，诺基亚公司到达功能手机的极限点。

在诺基亚的案例中，最令人扼腕叹息的并不是老牌手机巨头的衰落，而是当时的诺基亚其实一只脚已经踏入智能手机的领域，当时诺基亚智能手机的出货量约占全世界智能手机出货量的50%。这其实是一个非常好的转型机会，但诺基亚没有抓住它。

虽然当时诺基亚的智能手机已经占据市场的半壁江山，但是智能手机只占它全部手机出货量的11%。在内部看来，智能手机只是一个"小玩意儿"，诺基亚根本没有看到它未来的可能性。然后，诺基亚做了一个决定，将智能手机业务合并到功能手机业务中，最后直到诺基亚被卖掉，它的智能手机在其出货量的占比依然没有超过11%。

复盘回到2007年，那一年苹果公司联合创始人史蒂夫·乔布斯发布了iPhone和iOS操作系统，谷歌发布了开源的安卓操作系统。同年10月，诺基亚手机的市值到达最高点（极限点），它也是诺基亚的失速点，此后诺基亚的市值便断崖式下跌，再也没有缓过劲来。当出现非连续性时，"第一曲线"用黑洞般的力量，将诺基亚的注意力牢牢控制在原有的功能手机市场上，扼杀了它的第二曲线。

曾任英特尔公司CEO的安迪·格鲁夫被称为硅谷有史以来最伟大的管理者。他在《只有偏执狂才能生存》一书中，留下了令人深省的一句话："面临失速点（极限点）的时候，要想管理好企业，简直难于上青天。"

格鲁夫如何识别极限点

既然极限点如此重要，那么如何及时、有效地加以识别？截至目前，最为简洁有效的识别标准是"单一要素十倍速变坏"。如果企业至关重要的某个单一要素出现了十倍速变坏的迹象，这就是企业即将到达极限点的一个信号。下面以英特尔公司从存储器到CPU业务的转换为例，与大家分享格鲁夫识别极限点的商业智慧。

20世纪60年代末，存储器占计算机成本的60%，利润十分丰厚。因此，英特尔公司创业之初，做的就是存储器的生意。作为存储器的发明者，英特尔公司在1969年的市场占有率高达100%，几乎没给它的竞争对手留下立足之地。

然而好景不长，在20世纪70年代初，日本以举国之力进军存储器市场，通过国家拨款的形式资助了6家存储器企业。经过10年左右的高速发展，日本企业在存储器的技术层面彻底赶超美国企业。

1980年，美国企业生产的最好的存储器产品的次品率，竟然比日本企业生产的最差产品的次品率高出5倍左右。1981年，日本企业推出了革命性的64 K芯片，并以低成本和高可靠性迅速占领美国市场。这使英特尔公司的单个存储器的价格，在一年之内就从28美元跌至6美元，其市场占有率也急剧下降（见图6-3）。

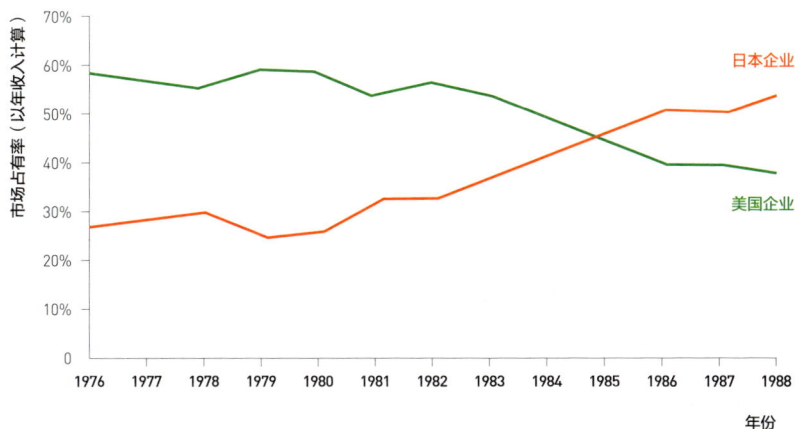

图 6-3　全球存储器市场占有率变化示意图

　　我们从图 6-3 中可以看出，1981 年之后，美国企业和日本企业的存储器的市场占有率，呈现明显的反向发展态势，日本企业的市场占有率不断上升，而美国企业的恰好相反。1984 年，两线相交产生了美国存储器行业的极限点，英特尔公司也无法置身事外。1985 年，英特尔公司的主营业务收入连续 6 个季度下滑，利润从上一年度的 1.98 亿美元，惨跌到 200 万美元。

　　1985 年，英特尔进入发展过程中的至暗时刻，面对日本企业的强势来袭，英特尔有两种选择：一种是继续坚持；另一种是另谋出路。在这种两难的境地下，安迪·格鲁夫问出了企业管理学史上最经典的问题。时任英特尔 CEO 的格鲁夫向创始人之一的摩尔提出了这样一个问题："如果我们下台了，公司再任命一个新 CEO，你觉得他会怎么办？"摩尔回答说："他会放弃存储器业务。"格鲁夫说："那我们自己为什么不这么做呢？"

此言既出，摩尔鼓励格鲁夫不妨尝试一下。格鲁夫就此决定，放弃英特尔公司做了十几年的存储器业务，转战中央处理器（central processing unit，CPU）领域。

改变一家企业的主营业务方向谈何容易，中间牵涉太多人的既得利益。举一个简单的例子，数码相机由胶卷巨头柯达公司首先发明，但因为公司多年以来的主营业务一直是胶卷，以至于到了生死关头，柯达公司的高层也始终不能下定决心转换到第二曲线。幸运的是，自诩为"偏执狂"的格鲁夫不顾其他人的反对，开始了壮士断腕式的变革。

格鲁夫在宣布公司转型之后，带领管理层所有成员从英特尔的办公大楼中走出，又重新走了回来。通过这样一个象征性的仪式，格鲁夫向世人宣告了英特尔公司的重生。随后，格鲁夫彻底叫停了存储器业务，裁掉了相关团队中的7200多人，占总员工人数的1/3左右，率领公司剩下的员工全面转战CPU领域。

1984年之前，在众人的印象中，英特尔就等于存储器。通过在到达极限点之后的妥善应对，格鲁夫将英特尔从破产的边缘拯救了回来，成功地完成了企业再造。到1992年之后，英特尔变为处理器的代名词，成为CPU行业中当仁不让的领导者。

在到达极限点后进行转型，必然意味着痛苦和残酷。对此，格鲁夫深有感触："作为能够判断失败临界点（极限点）的最高层管理者，自己最重要的作用是要发现全面失败即将开始的那个最大增长速度。"

为了避免重蹈覆辙，格鲁夫对英特尔公司在 1970—1985 年这段时间的相关数据进行了周密而细致的复盘，他发现，要想在失败临界点（极限点）出现后采取正确的措施以变应变，几乎是一件不可能完成的事情。什么时间才是进行战略转型动作的黄金时刻？格鲁夫认为，就是现有战略依然有效，企业业绩仍在上升，客户和互补企业仍在交口称赞，然而雷达屏幕上却已经出现了值得注意的闪光点的时刻。

在这里，大家要特别注意两类曲线：一类是以财务指标为代表的"显曲线"；另一类是以单一要素（如技术、市场、组织和产品等）为代表的"隐曲线"。对存储器而言，技术是关键的单一要素，当日本企业生产的存储器的性价比已经是美国企业生产的存储器的 10 倍时，美国存储器生产企业的极限点随之到来。如果格鲁夫在 1980 年就注意到"蹑着猫足而至"的隐曲线极限点，及时采取应对措施，或许英特尔公司的至暗时刻就不会出现。

大家需要注意的是，隐曲线会先于财务曲线到达极限点。如果企业仅关注财务曲线，其应对措施往往会出现明显的滞后。一旦财务曲线到达极限点，便意味着技术、市场、组织和产品等要素已经处于崩溃的边缘，此时企业再想变革，早已回天乏术。正如格鲁夫所说："当变化出现后，从前的管理手段无一奏效，我们失去了对企业的控制，而且不知道如何重新控制它。"这就是不入流的 CEO

总是不停地看企业的财务报表，而顶级 CEO 对此并不在意的原因。

在隐曲线中，当某个单一要素发生十倍速变坏时，就是企业到达极限点的前兆。企业管理者即使要看财务指标，也不要看绝对值，而要看增长速度。当增速放缓时，可能预示着极限点的到来。正因为如此，福斯特才有了这样的感慨："对一个公司的 CEO 来说，识别极限点的能力价值千金。"

关于极限点的论述可能会让很多管理者不太舒服，我们通常认为高管应该鼓舞员工士气，面对极限点，要有亮剑精神、坚忍不拔、扭转乾坤，但面对极限点，与其把资源、能力投入到一件难于上青天的事情，不如在既有的创新中选择一条新路。有时候敢于承认失败，是内心巨大自信的表现，所以，敢于承认失败的格鲁夫，被称为硅谷最伟大的管理者。

市场的创造性破坏

既然保持增长是 CEO 的第一任务，但是企业一定会遭遇增长极限点，那么我们应该如何应对这一宿命，重启增长引擎？

福斯特在《创造性破坏》一书中，将增长划分为不同性质的两类——企业级增长和市场级增长。福斯特通过研究发现，那些被视为经济增长支柱的所谓基业长青的企业，98% 都会被市场远远地甩在后面，市场的长期整体增长，总是超越这些企业级增长，成为最后的赢家。

由此，福斯特抛出了一个很有意思的问题："难道'无知'的资本市场会比这些著名商学院培养出来的企业管理者更'聪明'吗？"为什么市场的整体增长速度会高于个体，甚至高于最优秀的个体？寻找这个问题的答案或许能够给我们带来一些启示。

市场级超过企业级的增长由何而来？西方经济学之父亚当·斯密在其巨著《国富论》[1]中，给出了一个对后世影响深远的答案——看不见的手[2]。换言之，市场其实是"无知"的，没有人刻意地对其

---

[1] 亚当·斯密. 国富论 [M]. 郭大力，王亚南，译. 南京：译林出版社，2011.

[2] 按照亚当·斯密的论述："每个人都试图用他的资本使其生产品得到最大的价值。一般来说，他并不企图增进公共福利，也不清楚增进的公共福利有多少，他所追求的仅仅是他个人的安乐和利益。但当他这样做的时候，就会有一双'看不见的手'引导他去达到另一个目标，而这个目标绝不是他所追求的东西。由于追逐个人的利益，他经常促进了社会利益，其效果比他真正想促进社会效益时所得到的效果更大。"

进行管控。之所以会产生"市场级增长"，根源是那双"看不见的手"在起作用。市场级增长的秘密就是用创新企业去破坏老旧企业，有效的资本市场会毫不留情地把老旧过时的一切淘汰出局。正是新旧企业之间的非连续性，才成就了市场整体的成功。

同样，通过大量的数据研究和理论分析，福斯特也得出了类似的结论："市场增长速度超过个体企业增长速度的原因在于，市场基于非连续性的破坏性思维，企业则基于连续性的保护性思维。"市场和企业两种完全不同的底层思维模式带来了两种截然不同的增长方式。

在此基础上，福斯特继续进行了引申："企业的基石假设是连续性，其焦点在于管理和延续；市场的基石假设是非连续性，其重点则是创新与破坏……资本市场已经反映了市场的指数，可以刺激新企业的创立，允许企业进行有效的运作。但是一旦企业失去了创造绩效的能力，资本市场便迅速且不留情面地将其淘汰出局。当那些留存下来的企业本身已经丧失了能力，根本无法达到投资者期待获得的报酬水平时，资本市场对这些绩效拙劣企业的淘汰速度比绩效杰出的企业要快得多。"

市场具有典型的破坏性思维。当某行业中龙头企业 A 迅猛发展时，整个市场中的资金、人才、消费者等资源将会大量向其倾斜。一旦出现效率更高、发展势头明显超过 A 企业的 B 企业时，市场便会出现"非连续性"变化，市场中的资金、人才、消费者等资源会通过"用脚投票"的方式，向 B 企业聚拢（见图 6-4）。

当市场通过用脚投票的方式选择了 B 企业之后，相对老旧的 A

企业便会由于可用资源的大量、快速流失，被市场毫不留情地淘汰出局。在这里，市场只做了一件事情——破坏了原有的龙头企业。

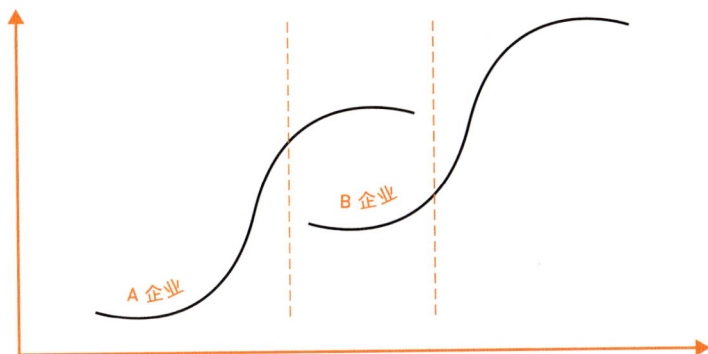

图 6-4　市场的"破坏性"思维

可能在大多数人的固有观念中，只有对行业的保护，才能带来行业的持续增长。然而，理查德·福斯特通过大量的研究给出了一个完全相悖的结论——破坏就是创造。市场创造性破坏越激烈，整体的回报率反而越高。福斯特这个"创造性破坏"的概念来自熊彼特。

熊彼特在 1942 年撰写的《资本主义、社会主义和民主》[1]一书中，将市场的创立及淘汰的过程称为"创造性破坏"（creative destruction）。按照熊彼特的说法："'创造性破坏'主要不是通

---

[1] 约瑟夫·熊彼特.资本主义、社会主义和民主[M].吴良健,译.北京:商务印书馆,1999.

过价格的竞争而是依靠创新的竞争实现的。每一次大规模的创新都淘汰旧的技术和生产体系，并建立起新的生产体系。"

市场的秘密就是用创新企业去破坏老旧企业，有效的资本市场会毫不留情地将老旧过时的一切淘汰出局。正是新旧企业之间的非连续性成就了市场的整体成功。用一句话来概括就是："想生就生，该死就死。"

大哥吃小弟效应

　　我们反观企业，企业是由人组成的，不可避免地会拥有人性的弱点。所有企业的创始人都希望自己的企业可以"永续经营"，所以在遭遇非连续性时，企业无法像市场一样淘汰自己。为了基业长青，企业会选择自我保护，让企业苟延残喘地继续发展。

　　与"无知"的市场不同，企业往往更看重情感因素，对未知风险存在天然的畏惧。尤其是在企业内部面临新旧产业之争，当主营业务与新兴业务发生冲突时，绝大多数企业会选择保护老旧的主营业务，放弃新兴业务，这便是企业的"保护性"思维。此外，当新业务刚刚起步时，从财务报表来看，它的增长曲线通常是低于主营业务的，此时作为一个合格的 CEO 是大力发展主营业务，还是将预算投入冒险的新业务上去？在大多数情况下，CEO 往往会选择主营业务。

　　不同的选择势必会带来不同的增长结果。在开放的"破坏性思维"的影响下，当新旧企业的市场格局发生冲突时，"无知"的市场会毫不犹豫地将老旧企业淘汰出局，更容易呈现"开放式增长"态势；而"聪明"的企业在面对新旧业务冲突时，往往会选择保护更有感情的老旧业务，放弃充满未知风险的新兴业务，这是一种偏向"封闭"的增长结果。我将企业这种 "封闭式增长"称为"大哥吃小弟效应"。

从南开大学毕业后，我进入摩托罗拉公司，从事人力资源管理工作。当时，摩托罗拉就是无线通信的代名词。1973 年，摩托罗拉发明了全球第一款无线移动电话，此后在整个模拟通信时代，它几乎是世界上唯一的手机制造商和顶级无线设备提供商。在模拟手机时代，摩托罗拉占据了近 100% 的市场份额。

模拟手机时代是摩托罗拉公司的"第一曲线"，然而在茁壮向上的增长曲线背后，往往也预示着"极限点"即将来临，但当时的摩托罗拉公司管理层显然未能察觉。事实上，早在摩托罗拉研发模拟通信系统之时，就已经了解到数字通信将是未来的大趋势。

与诺基亚等手机厂商早早布局数字通信不同，摩托罗拉虽然在市场竞争中拥有绝对优势，却依然将主要精力放在"老大哥"——模拟手机的更新换代上。相较于兵强马壮的"老大哥"，新兴的"数字手机"只是个孱弱的"小弟"，虽然它代表未来，但并未得到摩托罗拉内部的足够重视。因为如果将资源投入"数字手机"，便意味着要将原有的基站全部更换，这将严重影响模拟手机的销售。出于企业固有的"保护性思维"，只能牺牲"小弟"。

正是这种企业内部的"大哥吃小弟效应"，让摩托罗拉将机会拱手让给了后来的数字手机领导者诺基亚。

1993 年，包括中国在内的 40 多个国家的手机通信技术均采用了 GSM 标准，1996 年，数字技术全面替代了模拟技术。此时，摩托罗拉才将自己的 GSM 数字电话投入市场，比其他欧洲厂商整整晚了 4 年。

2000 年，摩托罗拉的市场份额已降至 13%，诺基亚则增至 31%。此后数年，摩托罗拉的市场份额一直徘徊在 15%。

2008 年，摩托罗拉净亏损额高达 41.6 亿美元，手机部门是亏损重灾区，经营性亏损高达 22 亿美元。

故事的结局是，2011 年摩托罗拉将移动业务作价 125 亿美元打包卖给了谷歌。作为老旧企业的典型代表，有着 83 年历史的摩托罗拉至此落下帷幕，被市场无情地淘汰出局。

"大哥吃小弟效应"就像一个魔咒，困扰的绝不仅是曾经的模拟手机领导者摩托罗拉。在数字手机时代加冕为王的诺基亚，没有逃过相同的宿命。诺基亚手机的案例此前已做过详细介绍，在此不再赘述。

归根结底，"大哥吃小弟效应"产生的原因，便在于企业的"保护性思维"，这使它无法跨越自身的非连续性，呈现与市场选择完全相反的表象。

母系统与子系统

　　从摩托罗拉的案例中我们应该认识到一点——企业和企业的业务不能等同起来看待，业务只是企业的子系统。如果你把产品当成公司的全部，那么你就被业务禁锢了。福斯特在《进攻者的优势》中坦言，"只有攻击自己，才能成为不死鸟。"

　　同样，美国的投资家、学者纳西姆·尼古拉斯·塔勒布（Nassim Nicholas Taleb）在《反脆弱》[1]里说："只有破坏子系统，才能让母系统长存。"如果让子系统长存，结果母系统很快也会面临毁灭，如果让子系统不稳定，母系统才能稳定。企业如此，生命也是如此。

　　碳云智能科技的创始人王俊是混沌学园创业营 4 期的学员。他曾在课上说了这样一段话，完美地诠释了这个结论："整个生物界就是这样，细胞的更替成就了个体的延续，个体的死亡成就了种群的延续，种群的灭亡成就了自然的延续。"

　　对于人体这个母系统而言，细胞属于子系统。人体大概有几十万亿个细胞，每天都有无数个细胞新生，也会有无数个细胞死去。有一种细胞不会自然死亡，它就是"肿瘤细胞"，即人们常说的"癌细胞"。如果肿瘤细胞不死，越长越多，最后人类只能面临死亡。正是因为有了细胞的更替，人类才能存活。

---

[1] 纳西姆·尼古拉斯·塔勒布. 反脆弱 [M]. 雨珂，译. 北京：中信出版社，2014.

同样，对于种群而言，每一个个体都是其中的子系统。其他物种的平均寿命，大多略高于它的繁殖期。一旦失去了繁殖能力，该个体便会死亡。如果个体不死亡，这套不变的基因程序就会不断地消耗资源，减少整个群体向前发展的机会。人类是一个特例，通过日益先进的生物医疗技术，人类的寿命得以普遍延长，这对整个人类种群来说，其实未必是件好事。

当然，这个母系统也是如此，正如老子在《道德经》中所说："天地不仁，以万物为刍狗。"天地是母系统，而万物是子系统。作为子系统，每个种群之间的更替带来了自然的延续，如果一个种群长生不死，大自然就会崩溃。只有不断地更新子系统，才能让整个大自然和谐发展。

同构到企业、行业和市场，道理也是一样的。所以，福斯特写了这样一句颇有几分悲凉意味的话："并不是基业长青的大公司拉动了经济的增长，而是对过气大公司的破坏推动了经济的增长。"

对于这个观点，腾讯公司原副总裁、"文津图书奖"得主吴军博士也颇为认同。他说过："再大的公司也会过气，拯救它们最好的办法，就是让它们萎缩死掉。"让过气的公司死掉，这对公司可能是件坏事，但对整个产业、地区甚至国家可能都是件好事。当我们更明白什么是母系统、子系统，就能更好地理解第二曲线创新。

第二曲线创新

第二曲线的本质是什么？企业要像市场"破坏"过气企业一样，敢于"破坏"自己的过气业务和过气产品。当过气的 A 产品和新兴的 B 产品之间遭遇非连续性时，企业要毫不犹豫地把资源投向 B 产品，大胆地"破坏"过气的 A 产品，切不可再将资源源源不断地倾注于 A 产品（见图 6-5）。我们把这个过程称为企业的创造性自我破坏。这件事看似容易，但做起来非常难。

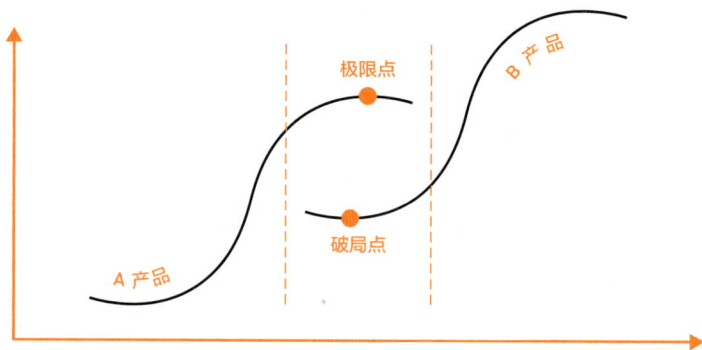

图 6-5　企业内部的创造性破坏

腾讯的起家业务是 PC 端的 QQ，到了移动互联网时代，腾讯又打造了现象级产品微信。QQ 和微信同为即时通信产品，二者之间显然存在非连续性的竞争关系。没有竞争就意味着创新的死亡。

腾讯如何选择呢？它做了一个伟大的决定，将大量的资源、人才、资金、注意力放到了第二曲线上，这才有了现在拥有10亿月活跃用户的微信，由此改变了大部分国民的日常沟通方式。请试想一下，如果腾讯没有微信，腾讯还有今天吗？

阿里巴巴也是如此。阿里巴巴兴起于 To B 业务，甚至将此块业务单拆赴香港上市。此后，阿里巴巴找到了第二曲线——To C 的淘宝网。当 C 端市场越做越大，越做越好，与 B 端市场发生了较为激烈的资源竞争时，非连续性由此而生。在此情况下，马云毫不犹豫地选择了淘宝网，为此不惜将举国闻名的阿里巴巴 B2B 国际事业部全盘打散。请试想一下，如果阿里巴巴没有淘宝网，阿里巴巴还有今天吗？马云非常了不起，除了第二曲线，阿里巴巴还有第三曲线"支付宝"，第四曲线"阿里云"，这就是阿里巴巴成为中国互联网行业领导企业的根本原因。

顶级 CEO 往往是"无情之人"，越顺着人性，越无法进行创造性的自我破坏，难以踏上第二曲线之旅。很多企业开启第一曲线或者说挖到第一桶金，常常得益于时也、运也，如果没有经历凤凰涅槃的过程，企业很难有长期的生命线。

在熊彼特看来，创新是一种"革命性"变化，只有将"马车经济"变为"火车经济"，才能带来经济的实质性增长。也就是说，在他的眼中，创新不是在同一条曲线里的渐进性改良，而是从第一曲线转换为第二条曲线。沿着同一个经济结构的增长，并不能带来经济的实质性发展，最终会导致零利润、零利息和零增长。

因此，熊彼特给出了进一步的论断："（第二曲线）创新是经济发展的唯一因素。"而只有经历过从第一曲线向第二曲线转换的企业，才有基业长青的可能性。

第二曲线最佳启动期

回到我们本章开始讨论的问题，如何解决第一曲线极限点的问题？答案是通过第一曲线和第二曲线的转换。那么，新的问题随之而来："企业应在何时启动第二曲线？"如果启动过早，可能会影响第一曲线的正常发展；如果过晚，则会让企业丧失潜在的发展机会，被后来者颠覆。

因此，追求企业基业长青最后的关键点便在于何时启动第二曲线。对此我的建议是，开启第二曲线的最佳时期需要满足以下几个条件（见图6-6）。

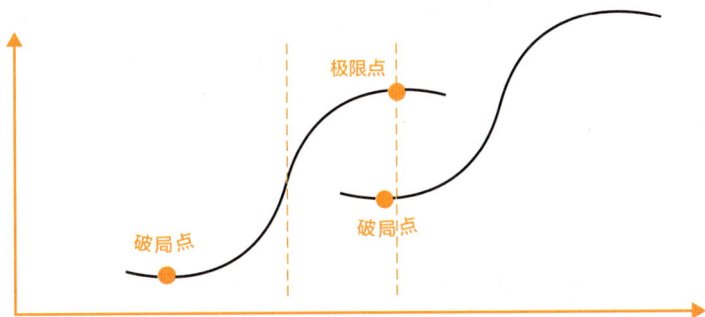

图 6-6 第二曲线的最佳启动期

1. 第一曲线已过"破局点"

如果第一曲线还没有到达"破局点"，此时开启第二曲线只会低水平重复第一曲线。只有当第一曲线已经迈过"破局点"、企业出现明显的增长趋势时，才有可能产生强劲的自增长动力。事实上，启动第二曲线的前提是必须有一个扎实的第一曲线，如果第一曲线的破局点都没有过，何谈第二曲线？

2. 第一曲线还在增长，但增长加速度开始下降

当企业的第一曲线还在增长，但增长的速度已经放缓或者增长的加速度开始下降时，企业就应该考虑启动第二曲线。

3. 不晚于第一曲线达到财务"极限点"

第二曲线开启最迟不能晚于第一曲线的财务"极限点"。 原因很简单，第二曲线刚开始的时候，整体趋势是下降的，此时需要企业的投入，也就是说需要第一曲线供给第二曲线，此时第一曲线的现金流、流量池、用户等对第二曲线来说都是至关重要的。所以，一旦第一曲线迈过财务的"极限点"，便意味着企业此时无论如何自救，成功的概率都非常小。第一曲线的"黑洞效应"会让企业沿着既有的下滑路线走向末路。

切记，没有主业支撑的创新就是瞎折腾，而期待基业长青也是痴心妄想。埃森哲卓越绩效研究院全球研究总监保罗·纽恩斯（Paul Nunes）曾与埃森哲互动技术服务前首席执行官提姆·布锐恩（Tim Breene）合著了一本书，书名为《跨越 S 曲线：如何突破业绩增长周期》[1]，书中对"基业长青"这个词进行了全新的诠释和解读。在

---

[1] 保罗·纽恩斯，提姆·布锐恩. 跨越 S 曲线：如何突破业绩增长周期 [M]. 崔璐，译. 北京：机械工业出版社，2013.

过去，人们往往将"基业长青"解读为固守主业，将一件事做到极致。而在保罗·纽恩斯和提姆·布锐恩看来，这种观点显然站不住脚。他们对基业长青的重新定义是企业一次又一次地跨越第二条曲线（见图 6-7）。

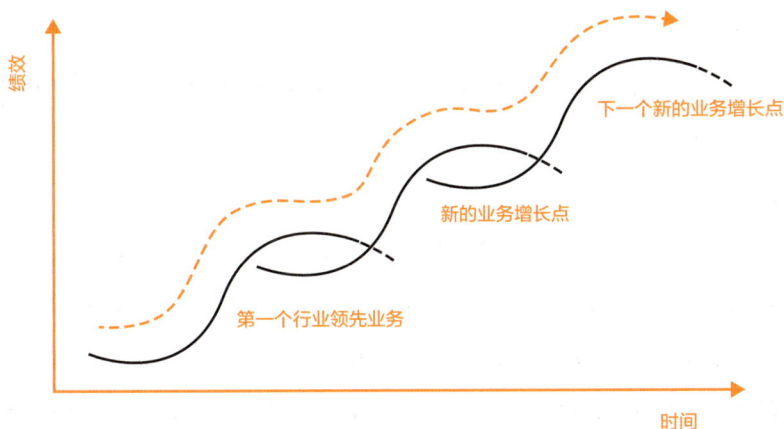

图 6-7　卓越绩效企业之路

对于一直处于增长的态势之中的企业，纽恩斯和布锐恩称之为"卓越绩效企业"。它是如何走上卓越绩效之路的？答案便在于不断攀登和跨越"S 曲线"。在第一个行业领先业务步入"极限点"之前，这家企业便提前启动新的业务增长点；在第二个业务步入"极限点"之前，它又启动了下一个新的业务增长点……如此往复，生生不息。所谓基业长青不是让最初的主业永远长青，而是自我更迭出的基业长青。这便是对基业长青的最佳定义，这也是企业基业长青的必由之路。

Netflix 的第二曲线创新

　　Netflix 是一家美国的在线影片租赁提供商，成立于 1997 年，主要为用户提供 DVD 产品和相关配送服务，以及线上影视剧的观看权限。截至目前，Netflix 的业务已经从美国本土扩张到了世界市场。2019 年福布斯全球数字经济 100 强榜，Netflix 排在第 46 名，而在 2020 年，Netflix 又在《财富》全球最受赞赏公司榜单排名第 16 位。

　　从成立至今，Netflix 的发展呈现明显的阶段性特点。1997—2007 年，Netflix 的主营业务是在线 DVD 邮寄，这 10 年间 Netflix 发展得异常迅猛，实现了非常惊人的业绩增长。2002—2006 年，Netflix 的下载数、收入和利润急速增长，2007 年的 DVD 业务更是如日中天，利润高达 6700 万美元（见图 6-8）。

　　然而，就在销售形势一片大好的 2007 年，Netflix 的创始人小威尔蒙特·里德·哈斯廷斯（Wilmot Reed Hastings, Jr.）做了一个令团队无比沮丧的预测，他预测在 2013 年时，DVD 业务将会到达极限点，届时人们将不再使用 DVD 机观看影片，而是会转向互联网流媒体[1]观看视频。这个预测在当时看起来很荒谬，实际上互联网技术发展的速度远比哈斯廷斯预测的要快，极限点提前 3 年（2010 年）到来了。

---

[1] 流媒体（streaming media）是指将一连串的媒体数据压缩后，经过网上分段发送数据，在网上即时传输影音以供观赏的一种技术与过程。

图 6-8　2004—2007 年 Netflix 的经营数据

资料来源：Netflix 年报（2007）。

　　在企业发展如日中天之时能准确预测出自己即将走向末路，这是顶级 CEO 对极限点的预测。那么，哈斯廷斯是依据什么做出预判的呢？其中的关键信号就是企业发展的增速下降（见表 6-1）。

表 6-1　2004—2007 年 Neflix 的 DVD 租赁业务对比表

时间	DVD 订阅数（万人）	增长率
2004 年	261.0	
2005 年	417.9	60%
2006 年	631.6	51%
2007 年	747.9	18%

　　如果单纯从盈利的绝对值来看，2004—2007 年，Netflix 依然持续盈利；但如果考虑到盈利增长的速度问题，2005 年的增长率为60%，2006 的增长率为51%，2007 年的增长率为18%，不难看出，增长率是在持续下降的。实际上，这种趋势预示着 DVD 业务已经逐渐接近增长的极限点。正如前文所讲，第二曲线要在第一曲线仍在增长，但增长速度已经开始下降的时期启动。在这里，"增速下降"是一个非常重要的信号。

　　我们之所以把增长速度作为判断是否开启第二曲线创新的重要标准，而不是以直接的财务指标为参照，是因为财务指标具备一定的滞后性。以 2009—2011 年 Netflix 的财务数据为例（见表 6-2）。2010 年，Netflix 公司的 DVD 业务订阅数达到 2000 万，但在2011 年急剧下降。然而，如果我们只看净利润，2011 年与 2010 年相比仍是上升的。

表 6-2　2009—2011 年 Netflix 的财务数据

时间	DVD 订阅数（百万人）	净利润（亿美元）	净利润增长率
2009 年	12.268	1.16	40%
2010 年	20	1.60583	38%
2011 年	13.93	2.26126	41%

　　这充分说明如果只盯着财务指标看，就会得出虚假的结果。因为财务指标存在滞后效应，上一年的收入会体现在当年数据中，当

年的财务指标可能只是攫取了往年的收益而已。因此，在这里我们要牢记两种曲线：显性曲线和隐性曲线。显性曲线指的是财务指标，普通的CEO往往对此比较看重，而顶级CEO会看隐性曲线——财务指标背后的订阅数与用户数。

当我们回过头来看Netflix的发展数据时，我们可以发现，2011年以后其DVD业务的订阅数迅猛下降，下降的速度可谓触目惊心（见图6-9）。

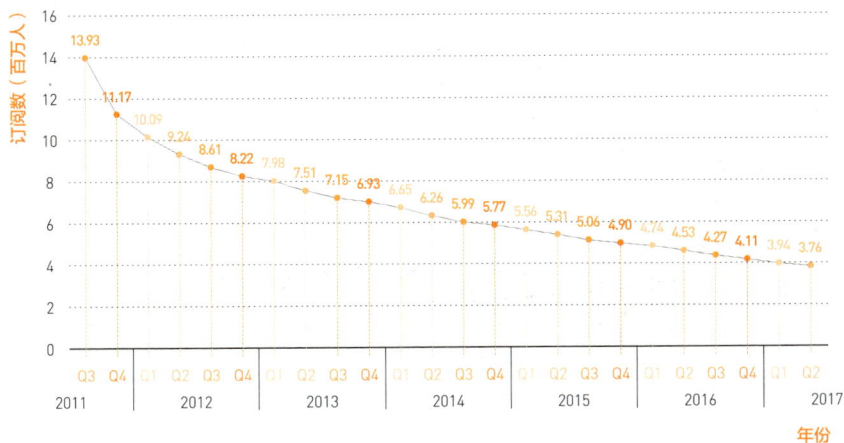

图6-9　2011—2017年Netflix的DVD业务订阅数

资料来源：Netflix官网。

我们可以想象一下，如果当时没有启动第二曲线创新，找到第二条发展路径，时至今日，Netflix这家公司可能不复存在。所以，能够在每年增长率25%的情况下，提前3年判断出极限点的到来，这是一个顶级CEO能力的体现。

2007 年，在预判出极限点后，哈斯廷斯做了一个重要的决策，尽管当时 DVD 业务的盈利依然非常可观，但他坚持推出了第一款流媒体产品"Watch Now"，也正是这个决策让 Netflix 在 2010 年取得了转折性的胜利（见图 6-10），在 DVD 业务达到极限点的那一年，流媒体的订阅人数超过 DVD 服务。

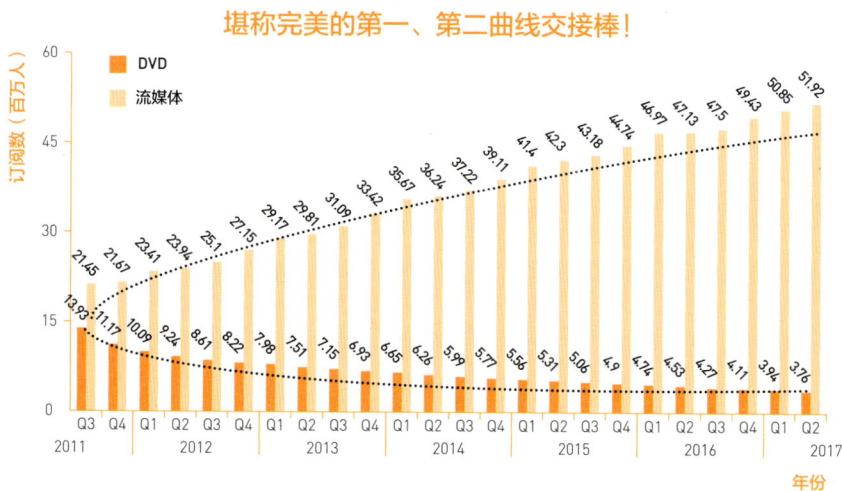

图 6-10　Netflix 第一曲线与第二曲线的交替

资料来源：Netflix 财报。

2010 年，当第一条曲线到达极限点时，第二条曲线的增长超过了第一曲线，堪称第一曲线与第二曲线的完美交替。在局外人看来，虽然哈斯廷斯不过是对企业经营的主要业务进行了阶段性的调整，但这一转变执行起来非常困难，如果哈斯廷斯不具备强大的心力，很难实现这种超前的业务转变。

2007 年，Watch Now 流媒体服务刚推出时，只有 1000 个视频内容，免费包含在 Netflix 每月 5.99 美元的实体 DVD 订阅计划中，凡是订阅用户都可以免费观看这些视频。

事实上，2007 年 Watch Now 发布时，Netflix 的经营已经陷入困境，然而哈斯廷斯不顾一切地推进流媒体计划，将 2007 年 6700 万美元利润中的 4000 万美元投入流媒体技术的研发。

第二曲线就这样在第一曲线订阅服务的终点站上以赠送品的形式产生了。然而，当年的流媒体技术其实非常基础，即使是传输速度最快的宽带也缺乏处理高分辨率视频的能力，这意味着流媒体总体视频质量远不如 DVD，在大家的眼中这只是一个边缘产品。同时，将 4000 万美元投入区区几千个赠送品，市场上更没有人支持他这个疯狂的举动。

当时，人们这样评价他："他看起来像是在押注一匹已经要输了的马。"当我看到这句话的时候，对哈斯廷斯由衷地钦佩。因为敢于承认失败需要巨大的勇气，但在唱衰的声音中，坚持自己认为正确的事情需要更大的勇气。"真理往往掌握在少数人的手中"，所以能够创造历史的人，除了拥有杰出的洞察力和过人的能力，自信与坚持也是不可或缺的品格。

其实，哈斯廷斯的自信心也并不是无根之木，早在 2001 年、2004 年、2006 年的时候，他就已经开始了流媒体服务测试。

2001 年，他投资 100 万美元研发 Streaming；2004 年，又成立独立团队 White Space；2006 年，开始测试免费 Streaming。哈斯廷斯通过对单一要素的持续强化，逐渐把第一曲线中的赠送品成功地最大化为第二曲线。

随着流媒体业务的开展，到了 2011 年，Netflix 同时有了两个业务——DVD 业务和流媒体业务，并且这两个业务之间还存在竞争关系。DVD 业务有利润，但是没未来；流媒体业务有未来，但是当时还处于严重亏损的状态。

在这里，我们可以设身处地地想一想，如果你是 Netflix 的 CEO，你会怎么办呢？答案无外乎两种选择：其一，将两种业务合并；其二，将两个业务线分拆。我相信每个人都会有自己的选择，但当时的哈斯廷斯选择了分拆，并且他选择的分拆方式用"疯狂"二字来形容也不为过。

2011 年，Netflix 宣布将流媒体业务和 DVD 业务拆分为两个不同的订阅包。他把耳熟能详的"Netflix"这个名字赋予了还处在挣扎阶段的流媒体业务，与已经上市的公司联系起来。而原有的主营 DVD 业务则更名为"Qwikster"，相信直到今天很多人都不知道该怎么拼这个名字。

实际上，在 2011 年，DVD 业务的利润仍然显著高于流媒体业务，但是哈斯廷斯仍然坚持加大投资力度在公司的未来业务——流媒体业务上。这样的选择让哈斯廷斯被他的用户和华尔街痛骂，他被杂志评为当年最糟糕的 CEO，Netflix 的股价严重下跌，市值缩水了 80%。但他却说："我不看现在，我看的是未来。"

亚马逊的创始人贝索斯也说过一句类似的话："所有只能产生短期利润的项目都不重要，无论现在赚多少钱；能够产生长期现金流的项目才是重要的，无论现在亏多少钱。"哈斯廷斯也正是在这样的理念下做出了艰难的抉择。所有的创新在一段时间之内都要忍受别人的误解，想要穿过欺骗性恐慌区，需要具备两个能力：第一，脑子一定要想清楚；第二，你要有心力能坚持。

可以说，如果不是哈斯廷斯用尽全部心力支撑下来，今天的Netflix 早就不复存在，更不会有这教科书般的曲线产生（见图6-11）。

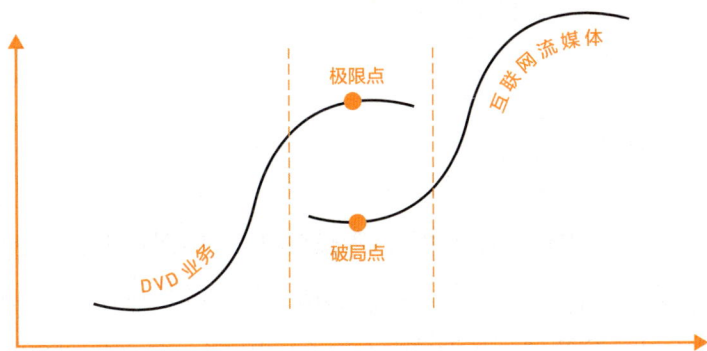

图 6-11　Netflix 的创造性自我破坏

流媒体服务的提出并不是哈斯廷斯对 Netflix 主营业务做出的唯一调整，2013 年，哈斯廷斯又启动了第三曲线——以美剧《纸牌屋》为代表的内容制作。从 Netflix 股票价格变化的趋势不难看出，Netflix 的股价原来长期持平，两次股价上涨都与第二曲线和第三曲线有关系（见图 6-12）。

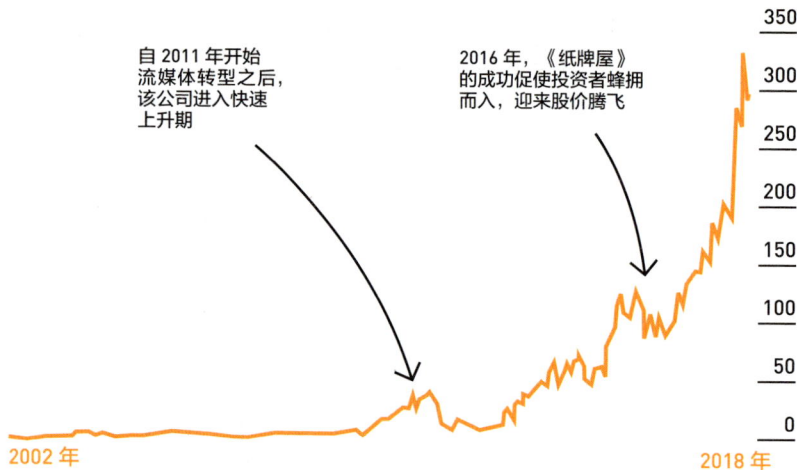

自 2011 年开始流媒体转型之后，该公司进入快速上升期

2016 年，《纸牌屋》的成功促使投资者蜂拥而入，迎来股价腾飞

图 6-12　Netflix 的股价变化

资料来源：彭博社。

　　股市看重的是一家公司的未来长期增长，哈斯廷斯通过提供第二曲线和第三曲线，证实了企业长期发展、持续盈利的能力，所以 Netflix 上市以来实现了指数级的增长。事实上，Netflix 的股票是过去 10 年里，投资回报率第一高的股票。从增长率来看，如果你在 2007 年投入 1 000 美元购买 Netflix 的股票，10 年以后你所持有的股票价值为 51 966 美元。

　　Netflix 当年的竞争对手也是一个做录像带的巨头企业，如今已然倒下。如果哈斯廷斯不转型流媒体，那么 Netflix 也会面临同样的命运。因此，我们要认识到，当第一曲线面临极限点的时候，再想管理这样的公司已是无力回天。唯一有用的办法就是提前预测，开启第二曲线创新。

克里斯坦森在《创新者的解答》一书里讲过这样一段话："顶级 CEO 有一项长期责任。领导开发一项我们称之为破坏性创新引擎的流程。通过这个流程，企业可以反复成功地启动成长业务。遗憾的是，就我们所知，迄今为止还没有一家企业打造出永不熄火的破坏性创新引擎。对大多数企业来说，破坏、颠覆或者创新，只是一次性的偶发事件。"

虽然几乎没有企业能够万古长青，但这并不意味着打造破坏性创新引擎是不可能完成的任务，在我看来，第二曲线似乎就是这样一种破坏性创新的引擎。下面我们引入美团的创新案例，并借此案例将前面讲解的创新模型融会贯通。

美团的第二曲线创新

美团发家于团购业务，从这个角度来说，它的第一曲线就是团购。2010 年，美团开始提供团购服务，在当时的市场上，提供同样服务的竞争对手数不胜数。随后发生了激烈的行业竞争，那就是当时著名的"千团大战"。在激烈的竞争中，美团成功地杀出了重围。2011 年，在全国的团购业务中，美团只占 13%，但到 2014 年时，美团已经坐拥团购行业的半壁江山，业务占有率超过了 53%（见图 6-13）。

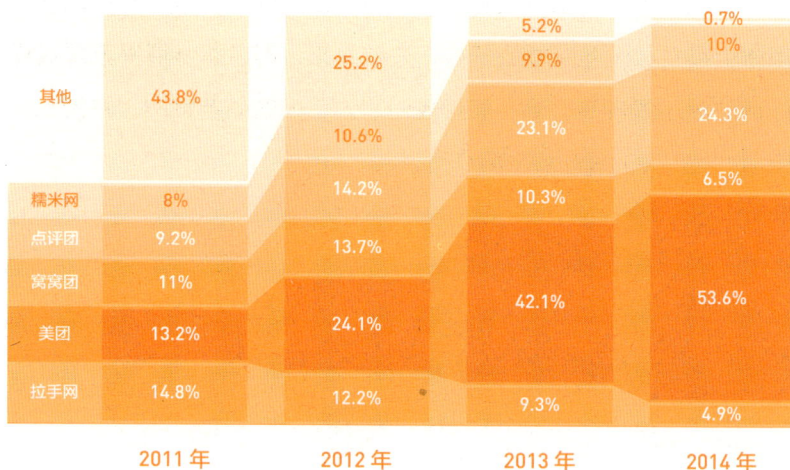

图 6-13 千团大战，美团取胜

资料来源：2014 年团购数据报告。

千团大战，"尸横遍野"，既荒谬又滑稽的是，千团大战结束之

时，也是团购行业消失之日。2014—2015 年，整个团购行业遭遇极
限点，而美团的业务也在 2015 年开始下滑（见图 6-14 和图 6-15）。

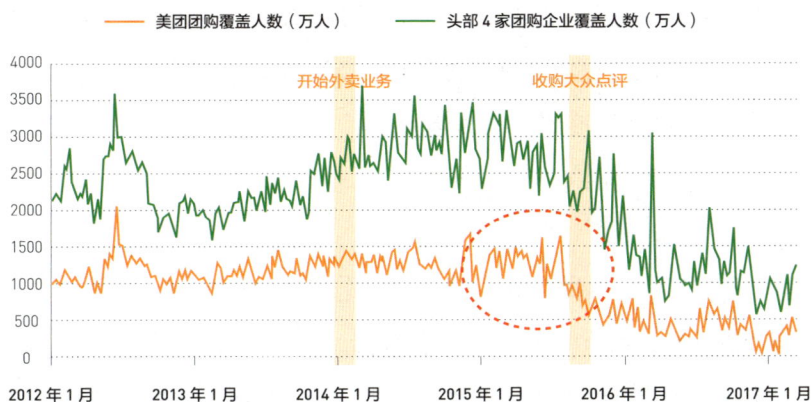

图 6-14   2014—2015 年团购行业遭遇极限点

资料来源：天风证券研究所。

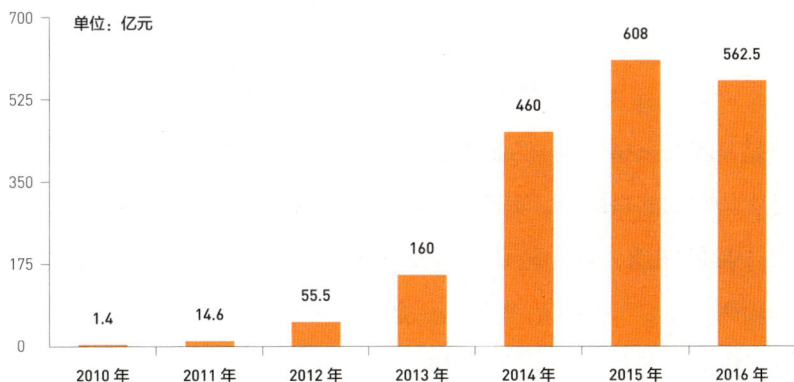

图 6-15   2010—2016 年美团团购业务交易额变化示意图

资料来源：美团财报。

在之前的内容中，我们已经提到，当企业被友商价值网束缚时，经常会陷入竞争的旋涡，忽略自身的极限点。而企业的业务一旦到达极限点，恢复增长的概率微乎其微。幸运的是，美团有一个优秀的领导者——王兴。2012 年，早在团购这条第一曲线达到极限点之前，王兴就已经在考虑第二曲线的发展问题了。下面我们就用 4 个部分详细分析美团的第二曲线创新。

1. 组织：独立团队，业务闭环

2012 年，美团团购市场占有率排到了第一位，在"千团大战"中初步领先。竞争愈演愈烈的同时，王兴也清醒地认识到，O2O 是一个万亿规模的市场，而团购只是 O2O 的一种形式。除了团购，有的公司可能从交易切入，有的公司可能从资讯切入，有的公司可能从搜索切入，有的公司可能从地图切入。于是，王兴开始思考，有没有更好的模式取代团购。他认为，如果要革命，也希望是自己革自己的命。

同年，王兴提出了"T 形战略"，即后来的"钉耙战略"，也就是美团的一横一竖[1]的业务模式。在团购流量的支撑下，在第一战场优势稳固的基础上，美团探索了非常多新的业务形态。

我们知道，在主营业务增长时探索创新，原有组织心智是第一阻碍力量，如果贸然多元化，会严重影响主营业务的发展。所以，在《创新者的窘境》中，克里斯坦森在谈及面对潜在的破坏性创新，

---

[1] 一横是指平台，一竖是扎进垂直行业。

公司应该如何应对变革时，他提出了以下 3 种方法：

（1）收购另一家流程和价值观与新业务极为匹配的公司。

（2）试图改变当前机构的流程和价值观。

（3）成立一个独立的机构，在机构内针对新问题开发出一套新的流程和价值观。

王兴无疑选择了第三种——分割出独立的小团队，以此寻找破坏性创新。这意味着美团对这些小分队的态度就是，前期让独立的小团队在荒地上生长，先做着，做得好就投入更多的资源。最终的结果是，在新探索的业务中，电影和酒旅都非常成功，但外卖更成功，并成长为之后独立的第二曲线。

2012 年，美团决定成立创新产品部，由王慧文牵头，拉上曾经是"美团的 10 号员工"、后来成为水滴公司创始人兼 CEO 的沈鹏，筹备了 10 人团队，团队由产品经理 + 个别工程师构成，目标就是"做出下一个美团"。

从 2012 年 12 月到 2013 年 6 月，这个部门在进行产品定位时经历了无数次的推倒重来。为了精准地定位商机，他们画出了一张消费者在餐饮消费过程中可能遇到的各种场景全图谱，并根据这个画像去思考在哪些节点可能存在商业机会。这个创新部门像雷达一样不断地扫描，最终他们发现了引领了新餐饮时代的商机——外卖。

2013 年 9 月，美团外卖正式立项，技术部门花了 1 个星期的时间开发产品，然后就在当时美团总部所在的北辰泰岳大厦开始发传单测试。从 10 月到 12 月，美团外卖一直在这个商圈进行试验，前两个月要么没订单，要么一天几十单，第三个月达到了一天 200 单，证明了项目的可行性。

虽然当时和外卖业务表现同样突出的还有其他类型的新开辟业务，但王兴最终还是选择了以外卖作为下一个阶段的主要业务。之所以做出这样的选择，表面的原因是外卖业务确实在所有新兴业务中具有绝对优势，但其实还有更深层次的原因。首先，外卖与团购在某种程度上来说具有一定的同构性，换句话说，外卖业务的核心能力及核心过程与团购业务相对类似，以外卖作为第二曲线，美团可以继续发挥自身的现有优势；其次，王兴判断行业某个关键要素已经产生 5~10 倍的变化，所以行业可能有百倍的爆发，而这个变化就是智能手机的大规模普及。

事实上，在外卖行业刚刚开始发展的那几年，之所以没有实现规模化，关键原因是智能硬件技术的相对不完善，以及普及程度不够。然而这个问题在 2013 年得到解决，外卖 O2O 风口真的来了。

作为商机，外卖业务的发展拥有光明的前景，在美团外卖的测试中，也做出了良好的成绩。即便如此，进入市场之后，美团外卖起步阶段的发展并不是一帆风顺的，因为当时行业内还存在一个先行者——饿了么。

饿了么是中国最早做外卖的团队，成立于 2009 年。2013 年 11月，美团外卖上线时，饿了么已经在业内处于绝对的领导地位，市场份额超过 50%。而美团的应对策略也非常具有针对性，那就是充分地借鉴对手的先进经验。

用当时创新产品部的管理者，也是美团网创业元老王慧文的话说，"我们非常认真地向饿了么学习……它们做这块业务已经做了 5

年，我们后进场的，当然要认真学习。"这也是美团外卖刚上线的时候，最初的产品形态、业务结构、UI 等设计会和饿了么高度相似的主要原因。

经过第一阶段的快速学习，美团有了独立的团队，加之美团外卖业务闭环成功跑通，同时也确立了增长模型。接下来，一场大战开始了。

2. 竞争：错位竞争，低端颠覆

2014 年，在美团外卖正式进军市场的早期阶段，当时饿了么早已经在行业内建立了广泛的影响力。2013 年年底，饿了么的服务定位于大学生校园市场，并且涵盖了北京、上海、广州、深圳、宁波、杭州、天津、苏州等 12 个城市，在饿了么深耕的区域，订单量大多数已经达到美团的一倍以上[1]。与此同时，2013 年年底，淘宝网也推出了移动餐饮服务平台"淘点点"，目标用户定位于都市白领。

面对具有先发优势的两大强敌的夹攻，美团应该如何选择竞争策略呢？答案是错位竞争 + 低端颠覆。

美团外卖早期的最简化可实行产品（Minimum Viable Product，MVP）始于商圈，但在 2014 年正式进军外卖市场时，美团却选择从校园市场切入，这样就与淘点点的白领市场形成错位竞争的态势。

美团当时发现，白领市场有待培育，校园市场已经被饿了么培育得差不多了。此外，校园市场有限，饿了么并没有独占，所以美团决定先把校园市场收割了，再掉头做白领市场。 他们定下的策略是，稳住现有白领市场，将大部分精力放在校园市场。

---

[1] 数据来源：《过长的战线，让美团处在比饿了么更大的挑战中》。

　　既然选择了校园市场，那么美团在校园市场如何与饿了么竞争？美团为了避其锋芒，从新兴的边缘价值网领域入手，采用了"农村包围城市"的低端颠覆式创新策略（见图 6-16）。

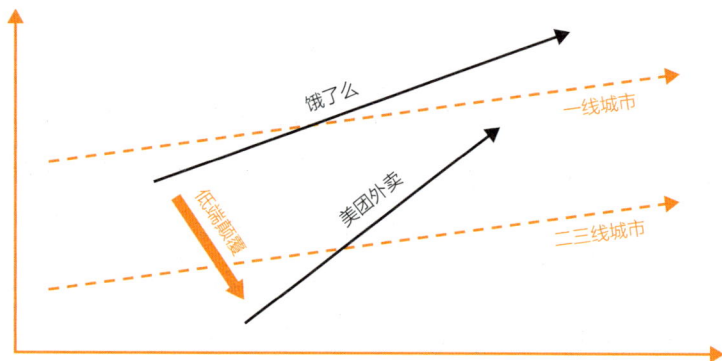

图 6-16　美团的低端颠覆式创新策略

　　因为凭借在团购时期积累下来的丰富经验以及对市场的先验性洞察，美团判断一线城市虽然大，但最多占全部市场份额的 30%，更多的机会在二三线城市。

　　这也说明了饿了么对市场的误判，它们认为当时的二三线城市外卖市场还不成熟，所以一直在深耕一线城市。到了 2014 年年初，饿了么已经成立 5 年，虽然占据 50% 的市场份额，但是只布局了12 个一线城市。相比之下，显然美团看到了更大的棋盘，它预判在中国外卖订单每天可达 1000 万单，在业内我们常说的一句话，"认知越深，世界越宽"就是这个道理。

在饿了么布局的前 12 个城市中,排名第五的是福州。而在团购市场中,福州排在 30 名左右。美团由此反向推导出一个关键性结论:"饿了么起码有 25 个城市没有做好。"于是,2014 年美团决定强行进入并开启了"抢滩战役",一次性进军了 30 个城市,其中 18 个是饿了么的空白市场。

凭借这种低端颠覆式创新,美团外卖在 2014 年实现了飞速发展,平均 1.5 天开拓一个城市市场,2014 年 2 月,只上线 10 个城市;而到了 6 月,就已经成功进入 60 个城市,在布局城市数量上取得了领先(60:40)地位;而在业绩上,美团和饿了么的业绩比例大概是 2:3。

此外,在进军二三线城市市场的过程中,美团又获得了一个关键认知,在具备率先进入者的商圈,第二个进入者获客成本是第一个的 5~10 倍。

于是,美团通过校园招聘的"章鱼计划",开始大规模扩充地推队伍。2014 年暑假,美团招募了 1500 人,培训 1 个月后,将这 1500 人派往 100 个城市,开始迅速扩张。饿了么发现后,来不及培训新员工,也向这些城市派遣经营团队,但运营节奏和管理惯性被打乱,取得的效果并不理想。

2014 年 6 月,美团和饿了么的日订单量分别约为 10 万单、18 万单,而到 2014 年 10 月,美团和饿了么的日订单量同时达到 100 万单。虽然获得了同一里程碑式的业绩,但饿了么完成这个成就耗费了近 5 年的时间,而美团外卖只用了不到 1 年的时间。同年,美团外卖原计划进入 100 个城市,结果年底进入了 250 个城市,覆盖

2600 个学校园区，在校园市场方面达到了与饿了么持平甚至略微超过的水平。

后来，新经济 100 人创始人李志刚采访美团时，美团外卖产品负责人坦言："我们的优势在于地面部队的执行力，管理经验更丰富，总部政策确实能一层层落实到一线去，执行得更快一些。当时就是这么一点点小小的差距。"

3. 增长：组合创新，单点破局

对美团来说，毫无疑问，团购是其发展的第一曲线，所以很多团购业务运营中留存下来的经营方法也被惯性地沿袭到外卖业务当中。

团购业务增长的基本要素有 3 个——供给、需求和履约，其中最为关键的就是供给端（见图 6-17）。美团团购前期的增长关键在于用供给端拉动需求端，执行"狂拜访、狂上单"的策略。而在外卖业务扩张的初期阶段，这些做团购出身的人，一开始也有惯性思维，以为做外卖市场也需要堆积很多商家，事实并非如此。

团购三要素

---

1. 供给

2. 需求

3. 履约

图 6-17 团购三要素

2014 年 4 月，成都成为美团外卖开拓校园市场成功的第一个城市市场。在开拓的过程中，并不像美团所想象的那样，需要大量的商家提供产品和服务，反而只招揽了十几个商家就成功地满足了校园用户在外卖方面的需求。至此，美团才发现原来外卖行业需要的不是大量的商家，而是大量的用户。

于是美团外卖调整了影响增长的关键基本要素，把主要的工作从供给端转移到了需求端（见图 6-18），不再一味地追求大量商家的入驻，而是通过发放优惠券和补贴的方式吸引更多的用户。最后，美团将在成都市场摸索出的校园市场经验， 总结为"少上商家，多发传单，多做促销"，并以此为指导，开始继续扩大战果，直至突破阈值。

校园市场三要素

1. 供给

2. 需求

3. 履约

图 6-18　校园市场三要素

美团外卖通过分析数据发现，在某个区域当日订单量达到一定比例之后，就能保持自然增长。所以，美团投入资源，打价格战，疯狂抢占用户。2014 年年底，美团在校园市场基本建立胜局。2015 年 1 月，美团开始进军白领市场。

　　同样的道理，在进军城市白领市场的时候，美团发现外卖业务增长的关键要素又有所区别。白领阶层因为工作性质和时间，在餐饮消费方面最重视的往往是时效性，换句话说，外卖平台能否忠实履约，将产品准时准点地送到消费者的手中，是白领用户们最关注的事情（见图6-19）。在美团外卖刚刚进军白领市场的时候，其实具有一定的流量优势，但转化率始终保持较低水平的主要原因就是外卖业务履约方面的不稳定性。

白领市场三要素

1. 供给

2. 需求

3. 履约

图 6-19　白领市场三要素

　　找到这个关键的增长基本要素之后，美团为了解决配送方面的问题，选择了自建配送体系的道路。一方面大力研发配送服务软件，另一方面积极提升配送员的数量。随着平台送餐时效性的问题得到妥善解决，配送速度的大大提升，美团外卖在城市白领市场也开始崭露头角。2018 年，美团和饿了么的骑手人数分别为 280 万、66 万；而到了 2019 年，美团与饿了么的骑手人数分别为 399 万、102 万，差距进一步拉大。

事后，今日资本创始合伙人徐新评价道，其实那时的美团也只是把份额扳平，真正拉开差距还是战略的选择。当时，他们做了一个非常重要的举动，就是通过自建配送系统建立了非常大的壁垒，订单密度达到了一定程度。

看得见的骑手背后是看不见的技术。事实上，美团外卖应用大数据、人工智能（Artificial Intelligence，AI）和基于位置服务（Location Based Services，LBS）技术打造了一个超级大脑——O2O实时物流配送智能调度系统。该系统针对不同配送场景智能调度，让订单与骑手可以智能匹配，进而确保运力系统处于最优状态。订单的平均配送时长从2015年的41分钟，2016年的32分钟，提升到2017年的28分钟。而在骑手薪资稳定提升的前提下，美团平均配送成本也缩减了至少20%。

餐饮外卖行业的低毛利很大一部分归因于骑手成本过高，骑手成本在整个成本结构中占了九成。美团在技术上的优势带来了相对的运营效率和成本优势。

4. 创新：自我破坏，第二曲线

作为后入者，美团外卖在2016年实现对饿了么的弯道超车。根据互联网大数据监测机构Trustdata《2018年上半年中国移动互联网行业发展分析报告》，截至2018年上半年，美团外卖的交易额已经占到市场总额的59%。

美团外卖业务，不仅对外超越了饿了么，对内也超越了原本作为第一曲线的团购和到店业务。截至2017年，外卖业务作为美团的第二曲线，与第一曲线完成了正式交接（见图6-20）。随着交接的完成，团购与到店业务逐渐淡出了美团的经营体系，甚至连名称最终都从组织机构图中消失了。2020年5月20日，美团市值1135亿美元，成为中国第三大互联网上市公司。

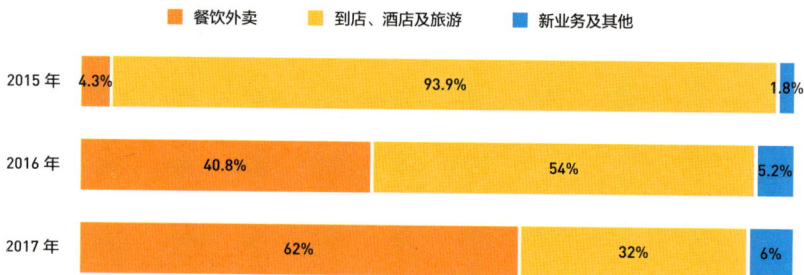

图 6-20　2015—2017 年美团点评收入构成变化示意图

资料来源：美团官网。

　　当然，美团对于未来发展的探索并没有结束，虽然外卖业务如今正如日中天，但美团早已开始不断地创新推出新的业务，比如美团酒旅、跑腿服务等。美团希望在外卖业务的极限点到来之前，通过创造性破坏找到新的第三曲线。

　　所以，创新大师给出的论断是，在对这个问题的研究中，我们还从来没有发现有哪一家企业能够在没有 CEO 参与的情况下，成功地应对颠覆其主流价值观的变革。如果 CEO 仅仅把成立分支机构视为一种摆脱破坏性创新威胁的工具，那么几乎可以肯定地说，等待他们的将是失败的命运。

如何持续地产生第二曲线，持续地十倍速增长的相关图书和理论对创新非常有帮助，但目前的确很少。所以，混沌学园将两条曲线转换的非连续性时期的创新作为主要研究的领域，也希望借此帮助更多的创新者、创业者跨越非连续性开启第二曲线，尤其对那些大企业、顶级企业而言，希望它们讨论企业基业长青的策略时，能有不同的选择。

第七章

分形创新：每一步都是上一步的结果

自然界无飞跃，创新也是如此。第二曲线不是从
无到有创造出来的，而是从第一曲线中生长出来
的。它不是让企业放弃主营业务去布局新业务，
而是通过创新加强主营业务，从更多的创新中分
形出第二曲线的新业务。

通过前面的学习，我们已经了解第一曲线是连续性创新，开启第二曲线是非连续性创新。或许有人会产生一些疑问："是不是只有大公司，才有资格进行第二曲线创新？""作为小公司，第一条曲线还没有完成，哪有余力去想第二曲线？""第二曲线是不是'多元化战略'的另一种表达？""聚焦主业和探索创新之间如何才能自洽？"以上这些问题，归根结底是同一类问题，即"第一曲线如何变为第二曲线"。

在混沌学园的定义中，与第一曲线相关的关键词是"管理"，而与第二曲线关联的关键词是"创新"。管理的作用是尽可能地拉长第一曲线，而只有第二曲线才能带来十倍速的创新型增长，即德鲁克定义的"创新"。所以，讨论如何从第一曲线如何变为第二曲线，也是探讨管理与创新的转换问题。

在本章中，我们试图用分形创新给出答案。分形创新是成熟公司启动第二曲线的最佳创新战略，它既破除了"第二曲线 = 多元化"的误解，也打破了管理与创新的二元对立，同时也是我个人最喜欢的创新战略。

变异 + 选择 = 新物种

　　为了更好地回答上述问题，我们不妨将看问题的范围扩大一些，从企业创新到生命进化。分形创新背后的理论是生物学的进化论，我们用同构性 [1] 方法，将企业创新与生物学进行同构。

　　公司的创新与生物的进化具有完美的同构性，管理可同构为遗传，创新则对应着变异。遗传就是让基因不断复制，保证物种的长期延续，同样管理是通过流程与制度，让公司可以更好地生存下去。但是遗传和管理都会遭遇极限点，此时为了活下去，从生物学的角度看，解决之道就是变异，而从管理的角度看，解决之道就是创新。扼杀变异是遗传的天职，否则生物个体很快就会灭亡；同样，扼杀创新是管理的天职，否则公司很快就会破产。

　　那么，应该如何打破存在于生物与企业中两种力量的对立，即第一曲线如何变为第二曲线？从同构的角度分析，这个问题对应着"一个物种如何突然变为另一个物种"的问题。

　　我们知道，在现实世界中，存在大量演变而来的物种。英国生物学家查尔斯·罗伯特·达尔文（Charles Robert Darwin）在《物种起源》[2] 一书中，提出了"自然选择进化论"学说，对"神创造世

---

[1] 事物的同构性，是指世界上的一切事物都具有相同或相类似的系统结构。

[2] 查尔斯·罗伯特·达尔文. 物种起源 [M]. 周建人，叶笃庄，方宗熙，译. 北京：商务印书馆，1995.

间的所有物体，此后物种保持不变"的"物种不变论"发起了强有力的挑战，也因此受到了当时主流社会的一致质疑。质疑的焦点大多集中于"一个物种如何突然变为另一个物种"，这与"第一曲线如何变为第二曲线"几乎是同构性问题。

达尔文信奉"自然界无飞跃"这一格言。在他看来：一个物种不是通过"革新""神奇的进步"的方式"突然"变为另一个物种，这是一个自然选择的过程，缓慢而稳定。

新的问题就此产生。既然自然界无飞跃，那么新物种从何而来？

在达尔文之前，生物学家普遍认为，生存竞争的主角是物种，这是一个较大的范围，达尔文却将范围从物种缩小到个体层面。在他看来，生存竞争的主角并非不同的物种，而是同一物种的不同个体之间的竞争。这句话的表面含义并不重要，但背后的含义特别重要。换句话说，最激烈的生存竞争，并不是狼与羊的竞争，而是在同种群里羊与羊的竞争、狼与狼的竞争。同族争抢生存资源的竞争，远比与天敌之间的竞争更加激烈。

在《人类的由来》[1]一书中，达尔文多次谈到变异、获得性遗传和自然选择，相关论述其实都始终围绕同一个主题展开（见图7-1）。这个主题即

变异 + 选择（自然选择）= 新物种

---

[1] 查尔斯·罗伯特·达尔文. 人类的由来 [M]. 潘光旦, 胡寿文, 译. 北京：商务印书馆, 1983.

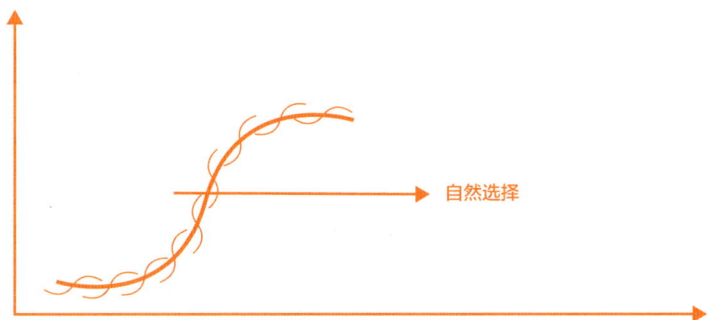

自然选择

图 7-1　达尔文的自然选择进化论示意图

　　图 7-1 中的第一曲线，指的是遗传。从大范围来看，任何一个物种从它出现之初直到灭绝，基本架构保持不变，这就是遗传的力量，达尔文称之为"一个共同的始祖"。从小范围来看，物种中的个体在代际繁殖时都会产生变异，表现为第一条曲线生发出无数多样性的小 S 曲线；同时每一个小 S 曲线，在自然选择的作用下，都有可能成长为一条独立的第二曲线，这便是"自然选择进化论"令人惊艳的魅力所在。

　　不是整个物种突变，而是物种在小范围里一代一代地发生微小的变化。假如遇到环境突然发生变化，通过自然选择，其中某一个变异被强化，新的物种才可能产生，这才是进化的真正奥秘。

　　第二曲线不是从第一曲线"突然"变成的，而是从第一曲线中无数的小变异里生长出来的，同时它也打破了第一曲线与第二曲线的二元对立。

创新 + 选择 = 第二曲线

让我们将目光从生物学层面回到企业创新层面。自然界无飞跃，创新也是如此。在很多人看来，创新是由某位伟大的天才布局、设计而来的，即所谓的"多元化布局"，往往表现为第一曲线"突然"变为第二曲线，事实绝非如此。

通过此前的推导，我们得出结论：新物种来源于变异和自然选择的共同作用，而创新的本质便是变异，自然选择可以类比为市场选择（见图 7-2）。

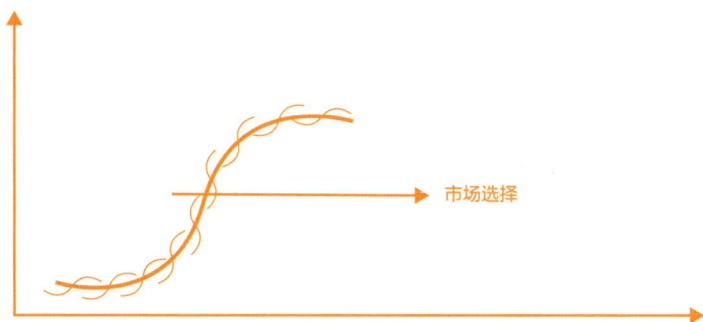

市场选择

图 7-2　创新的本质示意图

于是，我们得以进一步推导出第二曲线的公式：

创新 + 选择（市场选择）= 第二曲线

这便是进化和创新的"同构性"。

第一曲线是企业的主营业务，其上会产生无数多样性的次级创新，表现为无数的小 S 曲线，所有的小 S 曲线都在促进企业主营业务的增长。需要强调的是，企业的次级创新都是从第一曲线中"生长"出来的。创新源于主营业务日常的不断迭代，当其中某次级创新受到消费者、市场或资本等的青睐时，就有可能成长为独立的第二曲线，所以第二曲线是长出来的，绝对不是遵循多元化理论发展得出的结果。

在这里我们要强调的是，产生新物种除了需要"变异 + 选择"，还有一个重要因素——隔离，所以进化的完整表述为

变异 + 选择 + 隔离 = 新物种

因此从进化同构到创新，我们可以表述为

创新 + 选择 + 隔离 = 第二曲线

而在创新领域，这里的"隔离"往往表现为"独立小机构"，我们在第五章组织心智中已经提及。在本章的最后，我们将用一个案例完整拆解这一个过程。

分形创新

如果说进化和创新具有同构性，那么这种"进化式的创新方式"可否表达为某种简单模型？在市场环境的变化下，其中某种次级创新有机会成长为独立的第二曲线。由于第二曲线源于第一曲线，且形态上具有自相似性，这里在大范围中是两条S曲线，但在小范围中，每条S曲线又是由很多的小S曲线组成的，所以这个模型可以理解为是一种不同层次上的无限分形[1]，因此我将这个过程称为"分形创新"（见图7-3），分形的概念在本章稍后还会有更深入的阐述。

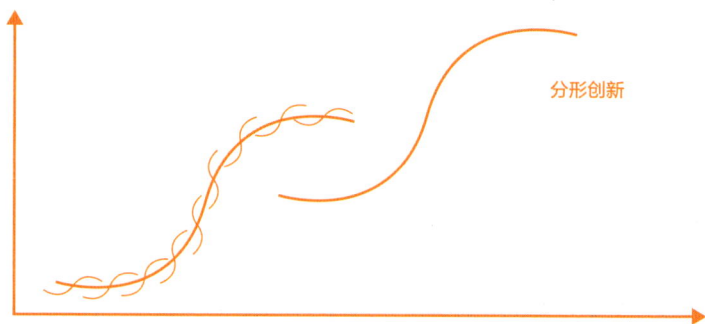

分形创新

图 7-3 分形创新示意图

[1] 分形通常被定义为"一个粗糙或零碎的几何形状，可以分成数个部分，且每一部分都（至少近似地）是整体缩小后的形状"，即具有自相似的性质。

分形算法具有极强的解释力度和预测能力。那些貌似天才般伟大的创新，其实都源于第一曲线的分形创新。发生在亚马逊公司、阿里巴巴公司和美团公司身上的故事就是很好的例证。

亚马逊公司由杰夫·贝索斯（Jeff Bezos）于 1995 年创立，起初只是一家网上书店，后来发展成为全球商品品种最多的网上零售商和全球第二大互联网企业。除了平台服务，亚马逊自身还承担了物流环节，身兼服务商和物流提供商两个角色。

为了在营销方面实现更大的价值，亚马逊将自建的物流系统与大数据相结合，进行了许多分形创新，专业的云计算服务（Amazon Web Services，AWS）便是其中之一。亚马逊研发 AWS 的初衷是降低企业的基础设施费用。由于内部推行的效果十分突出，亚马逊将 AWS 推向了市场，取得了成功，就连竞争对手苹果公司也要依靠 AWS 为其提供云服务。

2018 年，AWS 为亚马逊创造了 256.6 亿美元的收入，占亚马逊全年营业收入的 11%，已成为亚马逊增长的第二曲线。越来越多的亚马逊客户承诺在未来使用 AWS，除了苹果公司，知名企业 Adobe、Capital One、Intuit、Lyft 和 Pinterest 等都成了 AWS 的客户。亚马逊公司的一份官方文件显示，截至 2018 年年底，合同期超过 1 年的客户承诺的支付金额总计达到 193 亿美元。

从为主营电商业务服务的分形创新成长为亚马逊的第二曲线，AWS 的成功路径完美地诠释了分形创新对企业的重要作用。AWS 绝非出自亚马逊某位天才员工的设计与布局，而是从第一曲线电商业务中破土而出的，并在经历市场的选择之后，为亚马逊带来了全新的市场空间和增长活力（见图7-4）。

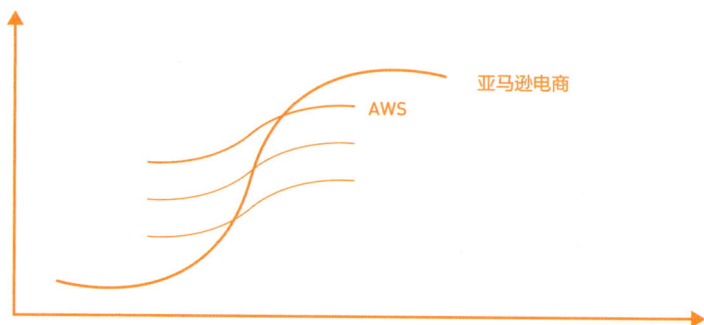

图 7-4　亚马逊的分形创新

看完亚马逊的案例之后，让我们回过头来，看看本土的电商企业阿里巴巴。

此前，我们已经分析过淘宝网的成长案例。淘宝网原是阿里巴巴主营业务的一个分形创新，在经历市场的选择之后，它成长为代表阿里巴巴的第二曲线。为了增强消费者对淘宝网的信任，淘宝网又在电商业务上生发出许多新的分形创新。支付宝便是其中的典型代表，它甚至改变了大部分中国人的支付习惯。

在阿里巴巴的第一曲线电商业务中，曾生长出很多类似支付宝的分形创新，其中有些未能经受住市场的选择便消失在人们的视野中，比如"来往"；有些成功地为阿里巴巴带来新的增长空间，比如菜鸟物流，这便是阿里巴巴分形创新的另一个曲线。

让我们再将目光投向新兴的独角兽企业美团，它是新兴企业中分形创新的典范。

美团起家于"千团大战"时期，它的团购业务很快升级为到店业务，夯实了美团当时的主航道（第一曲线）。随着时代的发展和科技的进步，到店业务很快便到达"极限点"。幸运的是，此前美团便已在第一曲线的基础上，生发出了酒旅、外卖、影票等多个分形创新（见图 7-5），其中外卖业务迅速得到市场的认可，成长为美团的第二曲线。美团的转型决心是如此之强，甚至强到连团购这个名称都从公司的组织机构图里消失了。

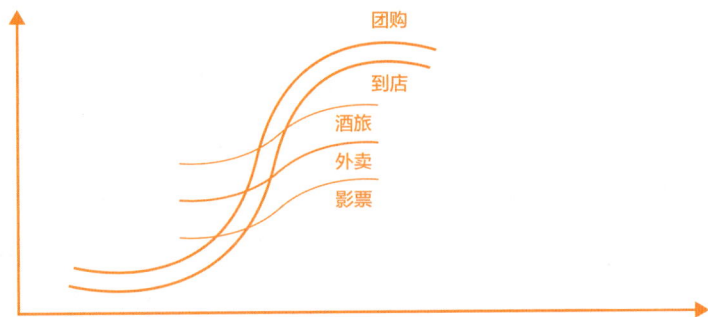

图 7-5　外卖成长为美团的第二曲线

在外卖业务成为第二曲线之后，美团并没有停止创新的脚步。在餐饮 ERP 系统、60 万骑手等分形创新的助力下，美团的主航道由外卖业务成功升级为到家业务（见图 7-6）。

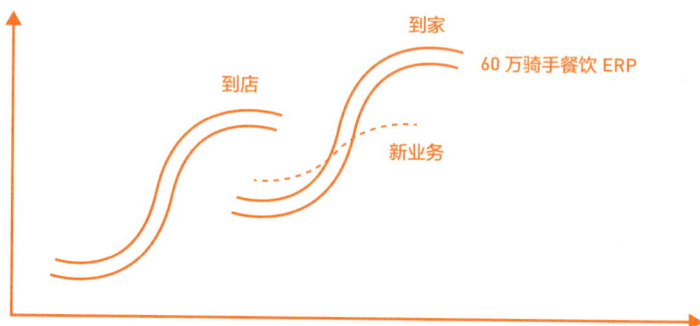

图 7-6 从外卖升级为到家服务

截至 2018 年年底，美团占有中国约 63% 的外卖市场，实现营业收入 652.27 亿元，同比增长 92.25%，平台交易总额、年度交易用户总数、用户年均交易笔数等互联网企业特有指标均保持了强劲的增长态势。

如果说美团在当年的"千团大战"时便已设计好后来的升级路线图，估计没有人会相信。第二曲线不是从无到有创造出来的，而是从第一曲线中生长出来的，这是一个步步为营的生长过程。

分形创新是混沌味道的创新，它既打通了第一曲线和第二曲线的二元对立，也打通了管理和创新的二元对立。每一个第二曲线都不是从无到有创造出来的，而是从第一曲线之中生长出来的，能够创造新的维度，从而超越 S 曲线的增长魔咒。

需要强调的是，所谓第二曲线创新，并不是让企业放弃主营业务去布局新业务。恰好相反，它是在主营业务之中创新，通过创新加强主营业务的发展，从更多的创新中分形出第二曲线。第二曲线是从第一曲线的分形创新中生长而来的，新业务是创新的自然结果。分形不仅仅是简单的创新模型，而是一种极其深刻的数学和哲学思维。事实上，分形创新理论不仅适用于大公司，也适用于小公司；不仅适用于商业领域，也适用于个人成长领域。

至此，我们不禁要问："在分形创新的背后，是否有一个居于最底层的算法支撑？"言及于此，我有必要更深入地讲解分形学这一重要概念。

分形算法

分形学，又称分形几何学，由数学家本华·曼德博（Benoit Mandelbrot）于 1973 年在法兰西学院讲课时首次提出，是一门以非规则几何形态为研究对象的几何学。分形学研究的是不规则形态的自相似性。由于不规则现象在自然界普遍存在（如罗马花椰菜、鹦鹉螺的壳、雪花、河流、树叶等），因此分形几何又被称为"描述大自然的几何学"。

分形学中的经典图案——曼德博集合（Mandelbrot Set），它是人类有史以来做出的最奇异、最瑰丽的几何图形（见图 7-7），被形象地称为"上帝的指纹"。在这个简单的图案中，蕴藏着一个

图 7-7　曼德博集合

大千世界，从它出发可以产生无穷无尽的美丽图案。有的像日冕，有的像燃烧的火焰，只要计算的点足够多，不管将图案放大多少倍都能显示出更加复杂的局部图案。

这里局部与整体具有一定的自相似性，从任何一个局部进去，都会发现一个新整体。缩小尺度进去，放大尺度出来，不同的级别里的结构居然是一样的。颇有几分佛教经典《华严经》中"佛土生五色茎，一花一世界，一叶一如来"的味道，美不胜收。

"曼德博集合"出自 $Z \rightleftharpoons Z^2 + C$ 的公式，这是一个非线性的迭代反馈公式，我将其称为"分形算法"。在这个公式中，初次计算得出的结果将被代入后续计算中，从而计算出新的结果。循环往复，生生不息，这就是分形创新的底层算法。这个公式的关键点在于，中间的迭代符号意味着通过这个公式无法计算出一个最终的结果。或者可以说，迭代就是一个无穷无尽的过程，原本就不存在最终的结果。常规战略是平面地盘之争，是静态思维，而分形创新是击穿任何一个局部就可以打开新空间、新维度、新世界，是动态思维。别人抢的是地盘，我看到的是新世界。

埃里克·莱斯（Eric Ries）曾在《精益创业》一书中，提出过最简化可行性产品的概念。MVP 提倡的是进行"验证性学习"，先向市场推出极简的 MVP，然后在不断地试验和学习中，迭代优化产品，这与分形算法异曲同工。在分形算法的公式" $Z \rightleftharpoons Z^2 + C$ "中，Z 就是 MVP 的原型，迭代符号是试验过程，现在的答案是下一次的起点。产品如此，企业如此，人生更是如此。人生永远都是一种 MVP 的状态，我们今天所拥有的一切都可以视为明天 MVP 的起点。

英文中有一个词叫作"Being"，可以翻译为"临在"，这就是分形创新的感觉。在常规的思维里，我们总认为未来是"一"，现在所做的任何事情，都是实现未来的目的。但最终的结果往往是，当你实现一个目标，就会有下一个目标，你永远在追逐，却难以获得幸福。

在分形创新中，过程是生命的"一"，结果并不重要，因为每一步的过程即结果，结果即过程，合二为一，活在当下的感觉油然而生，这种状态非常美妙。如同我十分欣赏的一句话："只要将眼前的事情做到极致，下一步的美好自然会呈现。"

分形算法就是我的第一性原理，我在主业（课程）中倾注了全部的精力，我的课程更新速度极快。如果大家足够细心，便会发现我在课堂上几乎从不讲传统商学院的相关课程，只讲商业世界最新发生的事件。我的课件无时无刻不在迭代，讲一次变一次，哪怕只隔一个星期，也会生发新的变化。不是我对自己的课程没有自信，也不是因为我过于勤奋，而是课程自己在迭代，生长的速度极快，推着我不停地向前走。从这个意义上看，这便是我人生的分形创新。

在分形算法中，过程本身就是目的，结果反而不那么重要。你只知道从什么时候开始，却无法预测在何处结束，甚至连结束本身可能也并不存在。这不仅是一种算法，也是一种全新的过程哲学。

最后，为了便于完整地理解分形创新，请允许我通过一个案例——字节跳动的分形进化，梳理一下分形创新。

字节跳动的分形进化

从当前来看，未上市的字节跳动已经位居阿里巴巴、腾讯之后，成为中国的第三大互联网企业。字节跳动旗下产品众多，甚至被誉为"App 工厂"。那么，在字节跳动看似难以理解的复杂业务布局背后，有没有简单的规律可以遵循？接下来，我们就以分形创新模型为基础，从变异、选择、隔离和分形 4 个方面来了解一下字节跳动的崛起（见图 7-8）。

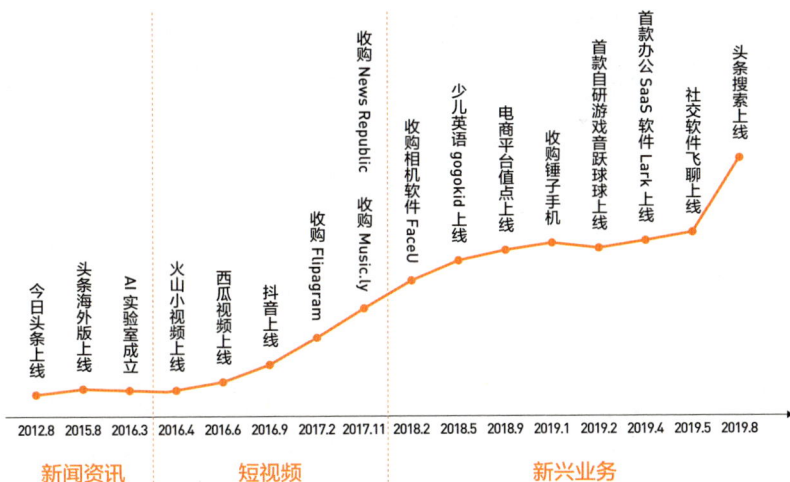

图 7-8　字节跳动的产品时间线

资料来源：易观。

1. 变异：自下而上，多样竞争

在众多的 App 中，字节跳动的第一曲线无疑是 2012 年 8 月上线的今日头条。今日头条的本质是新闻客户端，还是推荐引擎？都不是。今日头条初期是披着新闻客户端外衣的推荐引擎，但它的主航道是包含多种分发方式的通用信息平台。今日头条 CEO 朱文佳说："在我看来，每一种分发方式都有其独特的价值。内容运营分发带来的是'你应该知道'的信息，搜索帮你找到'你想知道'的信息，推荐是'你可能感兴趣'的信息，关注是'你关心的人'发布的信息。从提升社会信息分发效率的角度来说，每一种分发方式都不可或缺。更重要的是，不同的分发方式之间还能产生联动效应。"

为什么主航道选择了通用信息平台呢？其实早在字节跳动的初期，在表述产品原理的时候，字节跳动创业团队就画过一个创作、互动和分发相互驱动、正向循环的增长飞轮（见图 7-9）。

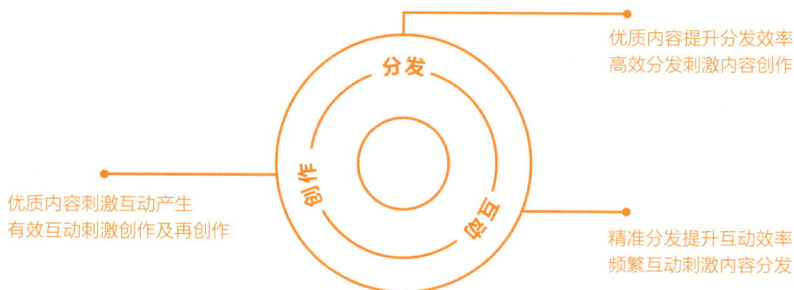

优质内容提升分发效率
高效分发刺激内容创作

分发

创作

互动

优质内容刺激互动产生
有效互动刺激创作及再创作

精准分发提升互动效率
频繁互动刺激内容分发

图 7-9　字节跳动创业之初的增长飞轮

字节跳动认为，这个世界上有知识、有创作潜力的人很多，但这些能力因为各种原因没有被发挥出来。所以，只要为他们提供平台和创作工具，给予他们合适的观众和反馈，他们就能为世界带来一份创造和美好。这里的内容包括文字、图片、视频、短视频等；有了优质内容后，字节跳动就一直在不断探索分发方式，这里包括运营、推荐、订阅、搜索、社交等；有了精准的分发，字节继续通过问答、社区、转发、评价、激励等方式，提升互动效率，有效的互动又刺激了创作与再创作，三者形成了正向的增长飞轮。也就是说，在字节跳动的平台上，内容创作者能够闭环完成创作优质内容、提升分发效应、增强互动效应等工作，所以不同类型的内容能够在字节跳动平台上兼容。

从分形创新的角度来说，张一鸣是把通用信息平台作为自己的第一曲线，这条曲线中有创作、有分发、有互动，同时这 3 个业务也可以视作通用信息平台的一级分形。

此外，在通过增长飞轮不断夯实第一曲线的基础上，张一鸣又推出了很多二级分形，在内容与题材方面，分成了新闻、文字、图片、语音、搞笑、体育、汽车、视频等不同的类型；在分发方面，推出了运营、推荐、订阅、社交等功能；在互动方面，出现了问答、社区、转发等不同方式（见图 7-10）。

张一鸣曾坦言，早期做今日头条的时候就还犹豫要不要做一个更综合的东西，比如叫"今日发现"。后来，他觉得这没有必要，就在上面扩充就好了。所以，用分形创新来分析今日头条，就能很清楚地看到产品逻辑，既不是多元化，也不是无章可循的 App 工厂，

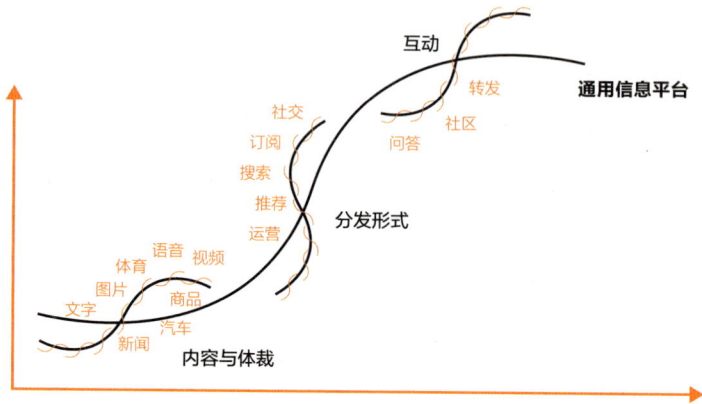

图 7-10　字节跳动的二层分形示意图

所有这些东西都是自下而上长出来的，不变的是字节跳动对第一曲线本质的定义。

2. 选择：一二曲线，自我破坏

随着分形创新的类目逐渐增加，张一鸣又面临一个新的选择：是打造一个超级 App 还是一个 App 矩阵？对大多数经营者而言，为了抓住用户的注意力，他们会尽可能多地把用户需要的功能和内容集中在一个产品之上。但是，张一鸣并没有这样做，他想要做的是一个 App 工厂，所以在今日头条的基础上，他拆分出去很多独立运行的 App，比如懂车帝、西瓜视频、悟空问答都是这样的逻辑，同时为了发力短视频成立了火山和抖音。

字节跳动的风格是如果一个产品在现有产品中出现了令人惊喜的表现，那就把这个产品放大，单独成立一个小团队做一个或者几个小产品，看看能不能有更出色的表现。一旦跑起来了，就能成细分领域巨头，甚至成长为一个"巨无霸"；如果跑了一阵子不行，那就撤了，也没有太大的损失。

任何一个分形创新出来的细分领域发育成熟，张一鸣都会将其拆分出去组成新的 App，而能够独立的标志就是观看人数、阅读时长的倍速增长。在这种逻辑的指导下，在垂直内容领域，今日头条分形出了懂车帝、皮皮虾等 App；在内容体裁方面，分形出了抖音短视频应用；在分发领域，分形出了社交分发的形式，代表产品是抖音、悟空、微头条等软件。

字节跳动的不断分形，使其边界远远超过了一大批与之竞争的互联网公司，也使其成为互联网行业公认的"劲敌"。

3.隔离：独立机构，资源递增

在企业中，字节跳动充分运用和发挥了集体智慧，促进了新业务的涌现。在管理方面，张一鸣认为与运算方式类似，管理可以简单地划分为两种不同的方式 [1]（见图 7-11）。

第一种，把 CEO 当成超级计算机。CEO 做战略设计，提出战略计划并逐层分解战略计划；各级执行分解后的战略计划，在执行的过程中如果遇到情况，往上汇报；CEO 汇总信息，再次定出工作任务。在这个过程中，有审批、有流程，有很多的管理机制。过去很多企业都是采取这样的方式，主要包括建构战略和控制流程。

---

[1] 张一鸣.如何应对公司变大之后的管理挑战［J/OL］.搜狐网，2017.

CEO 决策
超级计算机
↓
建构
↓
Control
在各个流程中掌
握绝对的控制权。

集体智慧
分布式运算
↓
涌现
↓
Context
决策所需要的
信息集合。

图 7-11　张一鸣对于管理的两种划分方式

　　第二种，有更多的人参与决策，让更多的想法自下往上涌现，而不是一个从上到下的战略分解。在这个过程中，需要更多的人基于上下文的信息集合做出判断，而不是根据指令执行。

　　一般而言，传统的管理是 CEO 决策，自上而下地传达命令，然后执行；而在字节跳动，张一鸣采用的是第二种自下而上的管理方式。在复杂性思维当中，这种管理方法被称为涌现。简单来说，就是给员工更强的自主性与自由度，让员工自主选择新的业务项目。

　　此外，为了给新物种足够的独立生存条件，今日头条与业务相关的职能部门只保留了 3 个：技术、用户增长和商业化。它们分别负责留存、拉新和变现，这是任何一个移动产品从无到有、从小到大的核心。

　　每一次新产品立项时，负责人就可以去 3 个部门选择合适的合作者，只要凑齐 3 人就可以组成一个虚拟的项目组。如果虚拟项目组的业绩表现不错，就可以组成稳固的独立团队。如果独立团队继续表现不错，就可以开发独立的 App 甚至成立独立的公司。

从某种程度上讲，这种新物种培养的过程也是公司资源配置的过程。在这个过程中，没有你争我抢式的内斗，而是像生物黏菌一样，以最小消耗建立最优路线的自然聚集。每一步都是资源递进的方式，员工每探索出新资源的时候，企业就会赋予更多的资源。

依循这个法则，字节跳动相信，总会有好的产品跑出来。而张一鸣要做的就是负责方向，以及关注几个核心项目组。

4. 分形：十倍变化，独立成线

分析至此，字节跳动的第二曲线——视频已呼之欲出，我们来看看字节跳动是如何进军视频领域的。

2016 年，字节跳动旗下的王牌产品今日头条开始进军视频领域，头条系三大短视频产品，抖音、火山小视频和西瓜视频密集上线。

为什么选择在 2016 年作为重兵突进的节点呢？截至 2015 年年底，中国手机网民已达 6.2 亿人，网民 Wi-Fi 使用率高达 91.8%，加之 4G 的普及，以及手机屏幕变大、分辨率的提高等客观条件，短视频爆发的基础环境早已具备。

因为抓住了发展的机遇，字节跳动的视频产品一经上线，就取得了巨大的成功。2016 年上半年，今日头条的视频阅读量提升了近 3 倍。根据今日头条算数中心发布的《2016 年移动资讯行业细分报告》，截至 2016 年年底，今日头条短视频的日均播放量达到 12.69 亿，比 2015 年同比增长了 605%；同时，今日头条的用户（与视频产品账号互通）对视频内容的偏爱倾向也开始充分展现。2016 年，用户在视频内容方面的阅读量占总阅读量的 47%，是所有内容类型中占比最高的，同时期，图文内容和组图内容分别只占 42% 和 11%。

美国的著名企业家安迪·格鲁夫说过："每一个战略转折点都会表现出十倍速变化，而每一个十倍速变化都会导致战略转折点。"字节跳动在 2016 年的增长数据完全印证了这句话。

实际上，在字节跳动飞速增长的背后，是创始人张一鸣对市场形势的准确判断。张一鸣抓住了市场环境变化的信息，发现了短视频将是内容创业的下一个风口，从而做出了"短视频是一个前景光明的领域，是一件方向正确的事"这样的判断，最后在 2016 年得出了"全军出击"的结论。

如果从演绎法创业的角度进行解读，2016 年字节跳动增长数据原本只是假设，而发展短视频平台是张一鸣根据假设所制定的发展方向。

然后，张一鸣在 2016 年上线了 3 款不同方向的短视频软件——西瓜、火山和抖音。实际上，这 3 款产品就是字节跳动的 MVP。其中火山是针对低端市场，对标的是快手；抖音对标的是 musical.ly（北美知名短视频社交软件）；西瓜对标的是 YouTube（美国知名视频网站）。之所以选择这 3 个平台作为对标企业，有两个原因：首先，这 3 款产品已经获得成功，并且证明了短视频这个方向的正确性；其次，这 3 款产品代表了短视频领域的 3 个主要模式。当然除了这 3 款产品，字节跳动内部可能还有更多的设置，但其中较为典型的还是这 3 种。

虽然张一鸣的逻辑很清晰，但结果并不理想。这 3 款产品上线之后，前 9 个月数据表现非常糟糕。在这种情况下，对绝大多数经营者来说，可能会得出一个结论，认为短视频并不是当前有潜力的发展领域，或者认为自身没有充分的实力把握短视频红利，然后选择放弃。

但张一鸣不这么认为，他于此时说的一句话，让我深感佩服。他说："逻辑上正确的事情一定是对的，而且有人已经验证过了，我们数据差是我们自己没做好。"在我看来，这句话无疑说明张一鸣是一位顶级 CEO，一个如此年轻便打造出世界级产品的人，必然是具备世界级眼光的。

纪源资本童士豪评价张一鸣时说："抖音的突然崛起不是平白无故的。张一鸣砸钱比谁砸得都多、挖人也敢挖最牛的人。气势和格局比我们想象得更大、更敢拼。"

结果显而易见，抖音在 2018 年 4 月时，用户数量超过快手，成为中国排名第一的短视频平台（见图 7-12）。

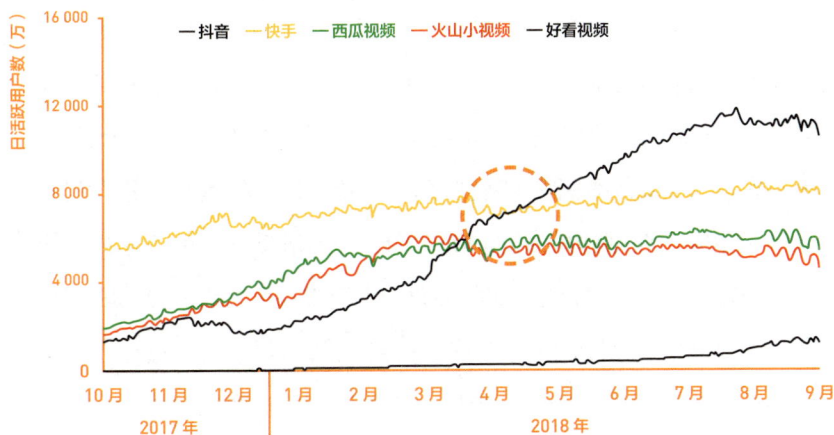

图 7-12　2017 年 10 月至 2018 年 9 月，主流短视频应用日活跃用户数量走势图

在字节跳动公司内部，作为第二曲线的抖音也在 2018 年与作为第一曲线的今日头条实现了交接，从 4 月之后，抖音的数据超越了今日头条（见图 7-13）。

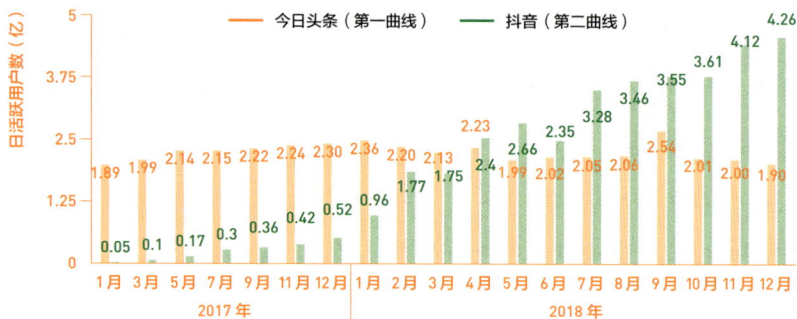

图 7-13 今日头条与抖音的交接情况示意图

资料来源：今日头条 / 抖音年度数据报告。

抖音的发展如此迅速，数据如此亮眼，导致大多数人忽略了一个事实，抖音初创团队的配置并不强悍，甚至可以称得上是草率和简陋。第一次当产品经理的产品经理，第一次负责整体设计的设计师，第一次从头开始写程序的研发应届生，第一次接触互联网行业的运营实习生等。在创建抖音团队的初期，字节跳动考虑的是这样一个不到 10 人的创业小团队，如果失败，不会带来太大的不良影响。

事实上，直到 2017 年年底，抖音依旧小到不足以被巨头重视，只是头条短视频战略中的一步棋。但是伴随着持续的技术优化，它也确实证明了自身在留存方面拥有过人之处，于是资源开始自然地向抖音聚集。

伴随着资源的聚集，抖音的十倍速发展很快到来，2018年春节后，这个发展速度犹如坐上火箭的短视频App就实现了独立商业化。至此，除了股权关系，抖音其实是一个完全独立的互联网公司。

字节跳动是多元化还是专注呢？如果仅看到它的App工厂，肯定是多元化的，但在张一鸣的眼中，他们是专注的，其实这些都是同一类产品。字节跳动的早期使命是：在全世界范围内促进信息的创造和流动，这里的信息、创造、流动依然与增长飞轮中的创作、分发、互动紧密相关。

张一鸣认为，提高信息分发效率是今日头条的使命，而一切能够让分发效率变得更高的内容缝隙都应该成为今日头条应该覆盖的领域。这句话说得非常狠，要知道百度的搜索，腾讯的社交，阿里的电商，本质上都是一种信息分发方式。而这句话透露出的信息是：一切需要信息流通的行业都有可能被字节跳动改变。

对比一下，2018—2019年用户对于App的使用时长，腾讯系从47.5%下降为43.8%，而头条系从8.2%上升为11.3%，成为第二名，这也是历史上第一次出现腾讯系用户使用时长占比下降的现象（见图7-14）。

我们再来回顾一下字节跳动过去几年的收入情况：2016年，60亿元；2017年，160亿元；2018年，500亿元；2019年，1400亿元。

Sensor Tower的数据显示，抖音和TikTok于2020年4月在全球苹果App Store和谷歌Play Store获取的金额已经超过7800万美元，首次超过YouTube的7600万美元。这是历史上中国互联网公司第一次在海外取得如此骄人的成绩。2020年5月，TikTok

的全球用户数超过 10 亿，下载量超过 20 亿。字节跳动成为除苹果公司之外，唯一一家在中国和西方用户数都超过 1 亿的科技公司。

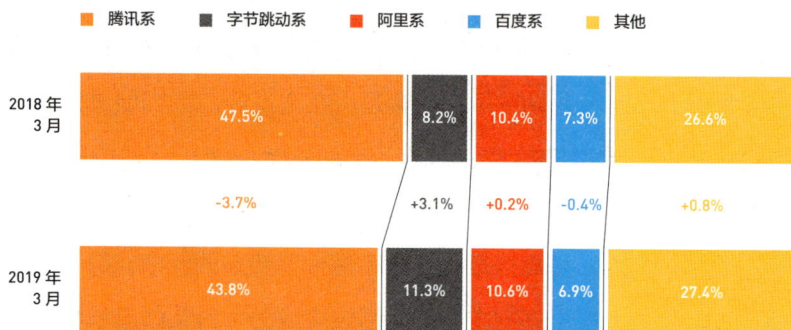

<table>
<tr><td>■ 腾讯系</td><td>■ 字节跳动系</td><td>■ 阿里系</td><td>■ 百度系</td><td>■ 其他</td></tr>
</table>

2018 年 3 月	47.5%	8.2%	10.4%	7.3%	26.6%
	-3.7%	+3.1%	+0.2%	-0.4%	+0.8%
2019 年 3 月	43.8%	11.3%	10.6%	6.9%	27.4%

注：巨头系 App 取各巨头旗下 MAU ≥ 100 万的头部 App

图 7-14　2018—2019 年移动互联网巨头 App 的使用时长占比变化示意图

资料来源：QuestMobile TRUTH 中国移动互联网数据库 2019 年 3 月。

　　我非常欣赏张一鸣说的一句话："无法做好选择和判断时，就要离远一步，远到用更重要的原则和更长的时间尺度来衡量，这样就清楚了。"经验很重要，但是经验的背后都是过去的时空，不能穿透经验把其中基本的原则找出来，是无法击穿经验的，而击穿则需要更深刻的洞察、更大的尺度。

　　对张一鸣来说，这个尺度是什么？答案是生物学。张一鸣谈《普通生物学》对自己的影响时说："高中的时候参加生物竞赛，看了一本北京大学陈阅增老师写的《普通生物学》，对我影响很大。生物从细胞到生态，物种丰富多样，但其背后的规律非常简洁、优雅。这对于你设计系统或者看待企业经济系统，都会有很多可类比的地方。"

如同分形算法"$Z \rightleftharpoons Z^2 + C$"一样，人从上帝创造万物的思维中跳出来，用简洁的公式表达复杂的万物。这里分形创新的关键是要找到可迁移、自相似的同构性。千万不要认为在某个地方成功了，放到另外的地方就能成功，这根本不是分形。分形创新往往是把核心的能力和流程拎出来，抽象化出另外一件事情，原有业务的区域化、规模化都不叫分形。我们只有找到最小完整单元才能看到本质，也只有这样才能把其中一个最小完整单元成长为第二曲线。

所以，创新不是自上而下的布局，而是在第一曲线中专注地投入多样性和创新，这样做有两个好处：第一，可以拉长、延续第一曲线；第二，其中某一个变异会成长为将来的第二曲线。

第八章

战略杠杆：创新驱动的增长战略

每家企业都希望自己能够面面俱到，但现实中最好的方法是舍九取"一"——找到最具有优势的元素，并将其打造成自己的核心力量。真正的"好战略"，在于集中企业的智慧、资源和行动，从而以己之长，攻人之短，撬动增长的红利，这就是创新驱动的战略杠杆模型。

　　战略最基本的理念就是以己之长，攻人之短，也可以说是抓住契机，发挥自身优势。标准的现代战略囊括了潜在优势。真正的"好战略"，便在于能够集中企业的智慧、资源和行动，获得优势。如果在适当的时刻将这种集中性力量应用于关键目标，就可以为企业带来一连串可喜的结果。理查德·鲁梅尔特在《好战略，坏战略》一书中将这种力量之源称为"杠杆作用"。

　　所以，企业围绕最关键的单一要素，组合其他要素，形成战略杠杆模型，就能持续撬动创新增长。我们本章的主题便是如何打造创新驱动的战略杠杆模型。这个模型是本书创新模型的最后一个，也是收官之作。战略杠杆的应用范围极广，我们可以用它来梳理自己的创新增长方案，甚至也可以用这个模型来做自己极简化的商业计划书。

战略杠杆模型

关于杠杆原理，古希腊的哲学家、科学家阿基米德说过这样的豪言壮语："给我一根足够长的杠杆和一个足够牢固的支点，我就可以撬动地球。"在阿基米德的这句名言中，地球隐喻需要解决的问题，无论这个问题有多大，只要找到合适的方法，都能迎刃而解。为了便于理解，我将阿基米德的思想转换为一种更直观的企业"战略杠杆模型"。

在这个模型里有 4 个基本要素，它们分别是：创新红利、核心能力、真北[1]指标以及战略支点（见图 8-1），下面分而论之。

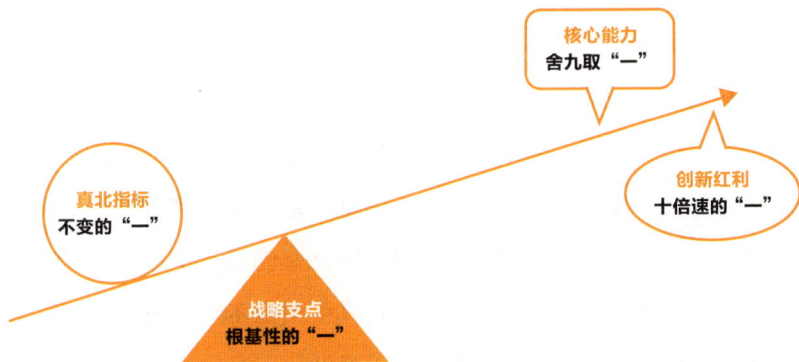

图 8-1　战略杠杆模型示意图

---

[1] 实际上，真北是一个地理学名词。真北（True North, TN）是指地球的北极点，即北纬 90° 或者所有经度线在北半球交会的地方，又称正北方向，为在地球上任何一点的人指向地球地理北极的方向。

1. 创新红利：十倍速的"一"

通常，创新红利来自外界。尤其是对于初创企业来说，在过去的 20 年里，大多数初创企业的迅速发展往往得益于某种外部机遇，这也是为什么大家经常强调"风口上的猪""顺势而为"。对企业来说，如何抓住外部机遇？一个非常好的模型就是组合创新里的"供需连模型"，从供给、需求、连接寻找十倍速变化的单一要素。

在战略杠杆模型中，创新红利可能产生于巨大的风口或周期性力量，如技术周期、用户更替和媒介更新等，它们都能提供十倍速的增长杠杆，这就是创新红利。

这就是为什么 TMD[1] 在 2012 年崛起？因为智能手机出货量发生了十倍速变化，我们进入移动互联网时代。如果没有这种力量的加持，可能很难撼动真北目标。

2. 核心能力：舍九取"一"

对初创企业而言，在发展的过程中，通常是先抓住一个外部机遇，然后通过不断的内部提升逐渐形成自身的核心竞争力，并将这些核心竞争力注入创新红利，最终击穿阈值，实现单点破局。

每家企业都希望自己面面俱到，什么能力都具备，但现实中最好的方法是舍九取"一"。因为在现实中根本不可能出现"全能"公司，不只是初创企业，即便是巨头企业也很难完成。从资源分配

---

[1] 互联网企业今日头条、美团、滴滴的简称。与百度、阿里巴巴和腾讯组成的 BAT 相对应。——编者注

的角度来说，企业想要立足于市场，首先要有自身的突出竞争力，而广泛性分散的资源，对于核心能力的建设极为不利。

所以，对企业来说，最简单的做法就是在自身的经营系统中找到最具有优势的元素，然后集中力量将这种舍九取"一"的因素打造成企业的核心力量。

比如乔布斯对产品的偏执世人皆知，无论面对何种选择，他都毫不迟疑地将舍九取"一"的答案定为"产品"。

· **如果问公司和产品哪个更重要？** 乔布斯会首选产品，因为他创建公司的唯一目的只是产品，公司只不过是手段，目的可以让真正有创造力的人才合作打造产品。

· **如果问技术和产品哪个更重要？** 乔布斯会首选产品，对他而言，苹果公司最需要的是伟大的产品，而不一定是使用什么新技术，技术都是为产品服务的。

· **如果问管理或产品哪个更重要？** 乔布斯会首选产品。在他的眼中，苹果公司是世界上最大的创业公司，他讨厌管理和流程。

· **如果问销售或产品哪个更重要？** 乔布斯会首选产品。他认为苹果公司的产品好，卖出产品是天经地义的事。

· **如果问资本或产品哪个更重要？** 乔布斯会首选产品，他不在意资本的压力，也不在乎可能对公司股票和财务报表产生的影响。

在乔布斯的理念中，无论从何种角度来说，产品都是一个企业的核心竞争力，技术、管理、销售、资本最终都是要为产品服务的。

此外，需要强调的是所谓取舍，绝不是去伪存真、去错存对，在众多不好的选择中选一个对的，而是在对与对之间选择最适合自己的那一个。《哈佛商业评论》中曾有一篇文章提到，"一个好战略的对立面也应该是一个好战略"，表达的也是这个意思。所以乔布斯主张舍九取"一"之后，不是放弃其他能力，而是以此为参考系，用它来统帅其他能力。

舍九取"一"的"九"可以是技术、产品、营销、管理等，企业一旦选定"一"，就要重点投入，并且它必须能统领一切。就好像阿里巴巴在围绕商家进行经营的同时，也在致力于为用户提供更好的服务，因为服务质量的提升，会为平台带来更多的用户，从而吸引更多的商家入驻。所以，舍与取不是二元对立，而是侧重点不同，二者是统一的。

3. 真北指标：不变的"一"

所谓真北指标，其实就是企业为了实现增长，需要长期坚持的、不变的发展目标，其中包括"真"和"北"两个关键词。

第一，它必须针对真问题，很多创业者在为企业树立目标时就已经出现偏差，他们找到的问题其实并不真实。在这样的目标的指引下，企业投入的人力、物力、精力越多，企业受到的伤害就越大。第二，除了针对真问题，真北目标还应该是一个长线目标，是企业长期不变的"指北针"。按照以上两点确立了真北目标，就能保证目标是真实的，且在较长一段时间内具有有效性。

真北指标与财务指标不同，不是显性曲线的增长 KPI，而是隐性曲线的增长 KPI。对企业来说，仅仅遵循财务指标，就会陷入创新者的窘境和价值网依赖，而将财务指标与真北指标结合在一起，才能有效地避免这些问题出现。

事实上，有了战略杠杆的前 3 个基本要素——创新红利、核心能力和真北指标，就可以组成"增长飞轮"（见图 8-2）。一般情况下，初创公司也许不需要长期战略，但一定需要增长战略，这种战略的具体表达就是"增长飞轮"，而好的增长飞轮通常都有相互强化的"正反馈"特征。

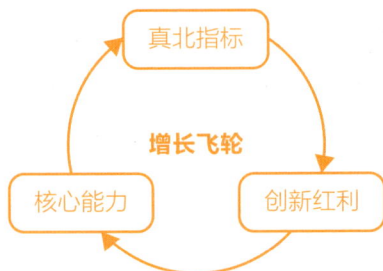

图 8-2　企业的增长飞轮示意图

例如，对苹果公司而言，其增长飞轮的核心能力是产品，真北指标是打动人心的好产品。这里高质量的产品为苹果公司带来了良好的用户口碑；而口碑的积累，又让苹果公司拥有了更多的用户；有了大量的用户，苹果公司就可以生产出更好的产品，从而形成良性循环。在这种循环中，苹果公司得以飞速发展（见图 8-3）。正如乔布斯所说，"我们坚信，如果能打造出好的产品，用户一定会喜欢，如果他们喜欢，他们一定会掏钱买，我们就能赚钱。"

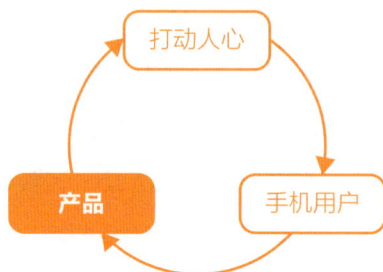

图 8-3　苹果公司的增长飞轮示意图

　　类似地，Netflix 增长飞轮的核心能力是内容，真北指标是既多又好的优质原创内容。这里 Netflix 优质原创内容越多，吸引的付费用户就越多，收入就会增加，同时这意味着它可以为制作原创内容提供更多的资金（见图 8-4）。

图 8-4　Netflix 的增长飞轮示意图

4. 战略支点：根基性的"一"

　　我们已经了解初创公司可以没有长期战略，但一定要有增长飞轮。如果增长飞轮只建立在短期的十倍速创新红利上，那么企业的发展将不可持续。所以，有了增长飞轮之后，初创企业发展了 3~5 年时，必须开始考虑长期战略，此时需要把增长建立在长期不变的战略支点之上，即第一性原理，它是企业战略的基石假设，也是企业战略的"定海神针"（见图 8-5）。

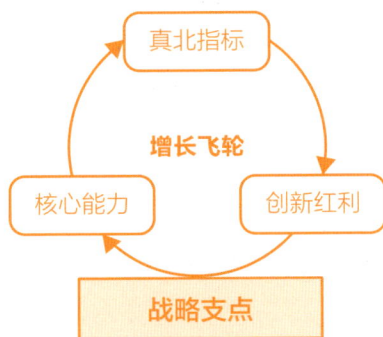

图 8-5　企业创新增长战略简图

战略支点的关键在于牢固，它又被称为根基性的"一"。任何战略都建立在一个基石假设之上，正如一幢高大的建筑，如果失去赖以支撑的地基，整幢建筑就会轰然倒塌。

在组织层面，有些企业会将使命作为自己的战略支点长期不变，比如下文会详细介绍的亚马逊；也有些企业会将第一性原理视为战略支点，比如埃隆·马斯克的特斯拉、"无聊"公司（The Boring Company）、太空探索技术公司（SpaceX）。

当然，如果没有使命或第一性原理，那么不妨找一个基石假设，也能起到同样的作用。

成熟企业创新战略杠杆

至此，我们已经分别讲述了创新战略的 4 个 "一"，即十倍速 "一" 的创新红利，主要应用的是组合创新模型；舍九取 "一" 的核心能力，主要是通过单点破局的方式突破阈值，击穿破局点；不变的 "一" 的真北指标，指引着正反馈的增长飞轮，形成三要素合力；根基性的 "一" 的战略支点作为企业第一性原理推动着企业的长期发展。这 4 个要素也是初创企业成长为成熟企业创新战略的核心要素。

此外，除了以上的增长要素，成熟企业还要增加几个与组织心智相关的要素——组织、价值观和使命。

1. 组织

企业初创期，核心能力往往建立在某个人或某几个核心创始人的身上，当企业步入成熟期，核心能力一定要从个人能力变为组织能力，企业才有发展、做大的可能性。所以通过建立、完善组织，能不断提高、强化企业的核心能力。

2. 价值观

我们定义的价值观是建立在 "供需连组合创新" 之上的价值观。这与绝大多数人定义的道德价值观不一样，我们的价值观是基于克里斯坦森对企业价值观的定义，即你在决策时，什么是你的"一"？对于亚马逊和美团来说，消费者是"一"；对阿里巴巴来说，商家是"一"；对苹果公司来说，产品是"一"；对于 Netflix 公司来说，内容是"一"；对链家来说，服务是"一"；而对混沌学园来说，好课程是"一"。

3. 使命

当企业发展了几年之后，使命就会慢慢显现。如果说价值观是决策的"一"，使命就是根基的"一"，一旦形成，将贯彻始终。

图 8-6 是完整的企业创新战略杠杆示意图，我们将通过一个案例完整地阐释它。

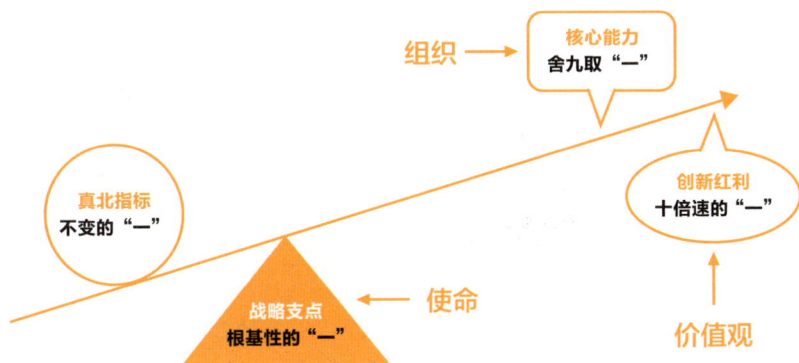

图 8-6　企业创新战略杠杆完整示意图

亚马逊的创新增长战略

在现实中，应用战略杠杆模型实现创新增长的典型企业就是亚马逊，我甚至无法从庞大的商业环境中，找到另外一个可以在应用战略杠杆方面与之媲美的企业。接下来，我们会对亚马逊的经营进行深度剖析，希望能够引起大家的共鸣（见图 8-7）。

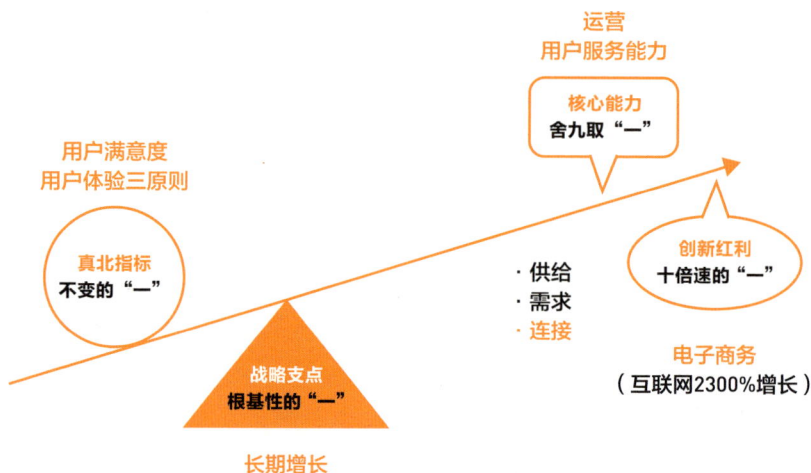

图 8-7 亚马逊战略杠杆示意图

1. 抓住十倍速变化的创新红利

"时来天地皆同力，运去英雄不自由。"任何人要想成功都需借势，需要顺势而为，贝索斯也不例外。

《彭博商业周刊》资深作家布拉德·斯通写的《一网打尽：贝索斯与亚马逊时代》一书记录了贝索斯早期的创业经历。

> 1994 年 2 月，贝索斯在机缘巧合之下，看到了《矩阵新闻》杂志刊登的一连串数字，这些数字让他尤为震惊。"在一张图表中，展示了一串字节，即一套二进制数字，1993 年 1 月到 1994 年 1 月，网络传输速度提升了 2057 个单位。另一个图表展示了一个数据包，即一个单位的数据在同一时间段内，网络传输速度提升了 2560 个单位。"

这件事改变了贝索斯的一生，他从这一串数据中推断，那年整个网络运行速度大约上升了 2300 个单位，相当于增长了 2300%，即是 23 倍。显然，这就是前文重点阐述的十倍速变化的单一要素。贝索斯对此颇有感触："任何事物都不可能增长得那么快，简直超乎寻常，这让我思索良久。什么产业才能在网络的高增长下占有一席之地？"

后来，贝索斯经常在讲话中提到，正是 2300% 的年增长率才使他不再满足于现状，从而离职创业，投身互联网的大潮。事实上，这一数据并不完全准确，这也成了一个有趣的具有历史意义的注脚——亚马逊创建于一个数学错误的基础之上。

在决定进军互联网之后，贝索斯开始认真思考从哪个角度入手。他很睿智地察觉到，囊括所有物品的"万货商店"计划显然不太务实（至少起初是这样的）。于是，贝索斯列了一个清单，上面写着

20 种产品门类，其中包括计算机软件、办公用品、服装产品和音乐等。最终，贝索斯认定，最佳选择是图书。

所以，亚马逊一开始的破局点是图书电商，其十倍速变化的单一要素显然是互联网的发展。随着互联网行业的进步以及企业的发展，亚马逊的破局点从图书电商逐渐转移到了万货电商，甚至后来连互联网的标签都舍弃了，但同时进一步拉伸了亚马逊战略杠杆的长度。

2. 舍九取"一"，打造核心能力

在战略杠杆不断延长的过程中，亚马逊也在持续使用舍九取"一"的方式，用它打造内部的核心能力。而在现实中，这种核心能力通常表现为企业的经营战略。我们知道所谓的舍九取"一"，是优中选优，所以战略的本质不是选择做什么，而是选择不做什么，因为没有取舍就不需要选择，也就不需要战略。

贝索斯也说过类似的话，"有许多方法将业务集中于一点：以竞争对手为中心、以产品为中心、以技术为中心、以商业模式为中心、以用户为中心等。我很高兴亚马逊选择了以用户为中心"。

贝索斯之所以会做出这样的选择，其根本原因是零售行业发展的根本需求。零售行业想要从消费者手中赚到钱，只有一个办法——满足客户的需求。而贝索斯认为，用户的预期总是在不断变化，对于消费体验的要求也会持续增加，即便我们可以提供优质的产品和全面的服务，但昨天的惊喜很快就会变成今天的平淡。而在当下，这种变化与增长的速度已经越来越快，零售企业要想持续获利，就不能躺在"冠军"的奖杯上，而是应该用更高的标准约束自己，超

越客户不断增长的预期。

从这个角度来讲，我认为亚马逊，尤其早期亚马逊电商，它的核心能力是运营能力，换句话说是用户服务能力，用自己不断提升的高标准来满足用户不断提高的期望值。但就像网络上非常流行的"我知道很多大道理，却依然过不好这一生"，很多事情并不是了解原理就可以顺利实施。

简单来讲，亚马逊的核心能力就是老调常谈的"以用户为中心"的运营能力，大多数人都能够理解，但却很少有人、有企业可以有效地实现。要想做到以用户为中心，你需要把你的运营、商业模式、战略、使命、财务报表等环节都围绕用户展开。为了实现以用户需求为战略支点的经营模式，亚马逊也付出了长时间的努力。

3. 真北指标引领的增长飞轮

如果没有独立的真北指标，你所属的价值网终将束缚住你，你将难以逃脱。如同鱼不知道水的存在，真北指标是指引你跳出价值网的方向感，它让你免于人浮于事、随波逐流，而是遵从不变的方向。

贝索斯说过这样一句话，"我经常被问到一个问题：'未来十年，会有什么样的变化？'但我很少被问道：'未来十年，什么是不变的？'我认为第二个问题比第一个问题更重要，因为你需要将你的战略建立在不变的事物上"。对零售行业来说，什么是不变的呢？

关于这个问题，贝索斯有自己的答案："在瞬息万变的零售业中，客户想要低价、想要更快捷的配送、想要更多的选择，这一点未来 10 年不会变。就算再过 10 年，也不可能有一个客户站出来对我说：'贝索斯，我真的很爱亚马逊，我非常希望你们的价格再高一点'或者'我爱亚马逊，我希望你们的配送速度能再慢一点'。"

基于客户的这三大期望，亚马逊提出了运营中的用户体验三原则：无限选择、最低价格和快速配送。这三大原则组成了亚马逊的核心运营能力，贝索斯称之为"飞轮效应"[1]，也就是我们定义的"增长飞轮"（见图8-8）。

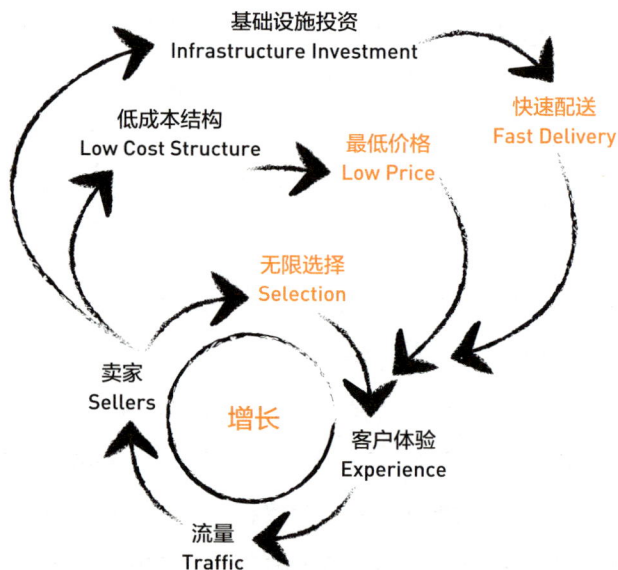

图8-8 亚马逊的增长飞轮示意图

---

[1] 飞轮效应（Flywheel Effect）是指一个公司各个业务模块之间会有机地相互推动，就像咬合的齿轮一样。这个齿轮组从静止到转动起来需要花费比较大的力气，但是每一圈的努力都不会白费。一旦有一个齿轮转动起来，整个齿轮组就会跟着飞速转动。

（1）无限选择。它是指给客户无限的选择权，让客户随心所欲地购物，不断提升客户体验。客户体验提升了，自然会为亚马逊带来更多的流量，继而吸引更多的卖家入场，为客户提供更齐全的品类选择和更优质的服务选择，进一步提升客户体验，从而形成正向循环的第一层增长飞轮。

（2）最低价格。大部分客户都比较在意商品或服务的性价比，换句话说，在保证质量的前提下，价格越低，客户体验就越好，买家就越多，能吸引到的卖家就越多。有更多的卖家分摊固定成本，便能有效降低商品或服务的成本，为客户提供最低的价格。这是亚马逊的第二层增长飞轮。

（3）快速配送。快速配送也是同样的道理。物流越快捷、方便，客户的体验越好，就会为网站带来越多的流量和卖家；卖家越多，网站的现金流就越充沛，可用于越多的配送、仓储等基础设施投资，带来更快、更安全的配送服务，进一步提升客户体验。这是亚马逊的第三层增长飞轮。

虽然亚马逊是目前世界上最大的电商平台之一，但在早期发展阶段，亚马逊的利润率始终保持在一个较低的水平，不是因为独特的定价策略，而是因为大量的资本支出。为了实现无限选择、最低价格和快速配送的目标，亚马逊在基础设施方面投入了大量的资金。2002—2013 年，即便是在利润亏损的情况下，亚马逊在仓储方面的投资也始终保持指数级增长（见图 8-9）；作为一家电商公司，亚马逊在技术方面的投入甚至超过了谷歌、英特尔、微软、苹果这些技术型公司。

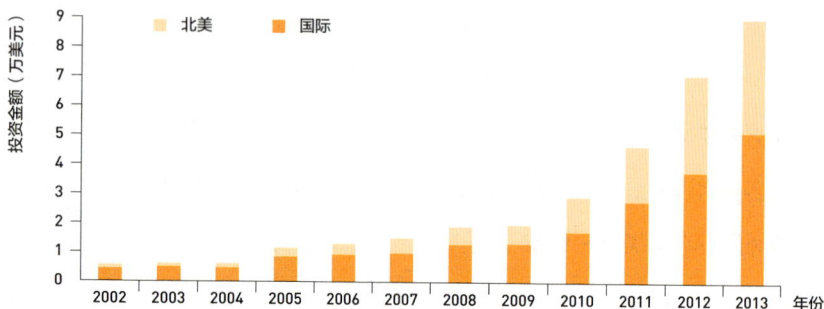

图 8-9 2002—2013 年亚马逊公司仓储投入变化示意图

资料来源：亚马逊公司。

当然，这种忽视盈利的投资行为在当时饱受争议，包括华尔街的媒体们也纷纷唱衰亚马逊，但贝索斯始终坚持这样的发展战略，因为他坚信，抓住了用户满意度这个核心，以用户体验三原则作为正反馈的指标进行运作，就可以实现增长飞轮的良性循环，从而实现持续盈利。

4. 以长期增长为战略支点

贝索斯相信，如果要创新，经营者必须愿意长期被误解，因为常常需要采取一个非共识，但正确的观点才能打败竞争对手。

或许在绝大多数创业者的眼中，公司的 KPI 是利润，公司的天职是利润最大化。这种看法无可厚非，但贝索斯对此有着自己的认知，他更重视的战略支点是长期增长，KPI 是"自由现金流"。

所谓利润，本质上是一个会计周期内（短期）的盈余。销售额不变的前提下，企业花的钱越少，利润越多，财务报表自然也就越好看。换言之，利润是一个较为短期的说法。反观"自由现金流"，它的实质是企业将当期应花的开销扣除之后，还能剩下多少钱可以投入长期增长。从这个角度来说，自由现金流其实是一个长期指标，也是面向未来的一个指标。

如果你用利润作为 KPI，你的隐含价值（战略支点）就是短期增长，而贝索斯把自由现金流作为指标，他的隐含假设就是长期增长，这就是贝索斯的破界创新（见图 8-10）。他说过："如果你做的每一件事把眼光放到未来 3 年，与你同台竞技的人很多；但是如果你的目光能放到未来 7 年，那么可以与你竞争的就很少了，因为很少有公司愿意做那么长远的打算。"

图 8-10　贝索斯眼中的破界创新

　　贝索斯的这种经营策略，曾饱受投资人、资本市场和外界的质疑，亚马逊更是创造了连续十几年不盈利或低盈利的纪录（1997—2015 年）[1]。即便如此，他依旧说出了那句震撼世界的豪言："我不要利润，我只要增长！"随着每年一封致股东信的发表，贝索斯的这种观点日渐为世人熟知。

　　　　1997 年，贝索斯在致股东的信中提道："如果要在最优化 GAAP[2] 报表和最大化未来现金流之间做出选择，我们会毫不犹豫地选择后者。"

　　　　到了 2004 年，他重申了自己一贯的主张："我们最终的财务指标，我们最想达成的长期目标，就是每股自由现金流……一家公司虽然有出色的利润率，但现金流有可能为负值。如果只追求利润增长，企业在某些情况下反而会损害股东们的利益。"

　　　　2008 年，贝索斯的说法是："我们首要的业绩目标，仍然是最大限度地挖掘长期自由现金流，并借此获得较高的投资回报。"

　　　　在 2009 年的致股东信中，贝索斯用上了颇为夸张的表述："在我们 452 个目标中，'净利润''毛利润''运营利润'等字眼，一次也没有出现过。"

　　对亚马逊来说，长期增长才是战略基石假设，正如贝索斯所说

---

[1] 从 2016 年开始，亚马逊的利润突破 10 亿美元大关，达到 23.71 亿美元，此前要么不盈利，要么盈利低于 10 亿美元。

[2] GAAP:Generally Accepted Accounting Principles 的缩写，意指一般美国公认会计原则。

的："所有只能产生短期利润的项目都不重要，无论现在赚多少钱；能够产生长期现金流的项目才是重要的，无论现在亏多少钱！"所以，亚马逊连续 20 年不盈利，而对应的收入却呈现指数级增长（见图 8-11 和图 8-12）。

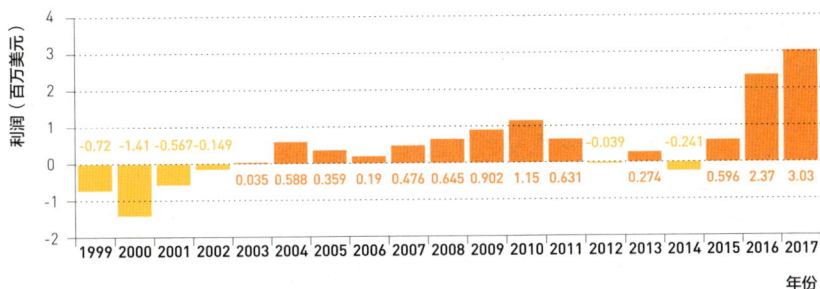

图 8-11　亚马逊的盈利水平连续 20 年在零附近徘徊

资料来源：亚马逊官网。

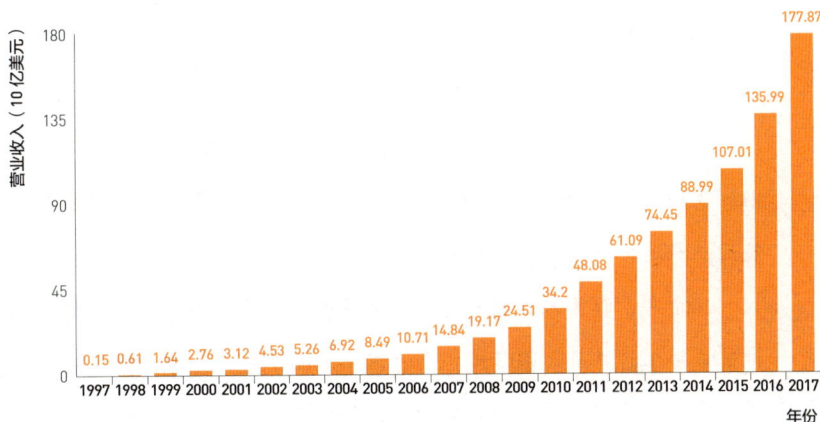

图 8-12　亚马逊的收入水平连续 20 年呈现指数级增长态势

资料来源：亚马逊官网。

5. 以使命作为根驱动力

亚马逊能够在低盈利甚至负盈利的前提下始终保持增长，除了作为战略支点的长期增长目标，更根本的驱动力量是企业的使命。

贝索斯说过："我们的使命是成为世界上最以顾客为中心的公司。"实际上亚马逊也是这样做的，这家公司所有的经营活动都围绕"以客户为中心"这一原则展开。

> 在 1997 年致股东的信中，贝索斯写道："从一开始，我们的关注点便是为客户提供有吸引力的价值。"

从那以后，在每年致股东的信中，贝索斯都会在 1997 年致股东的信上略加调整，这已成惯例。

> 1998 年，贝索斯的说法是："我们力图建立一个全球最以客户为中心的公司。"
>
> 在 1999 年致股东的信中，贝索斯对公司使命略加调整："我们的使命就是，通过这个平台打造全球最大的、用户至上的公司，使用户在这个平台上可以找到他们想要买的任何东西。"
>
> 2003 年，贝索斯在信中详解了亚马逊的定价策略："我们的定价策略并不打算最大限度地提高利润率，而是旨在为客户提供最大的价值，从而创造更大的长期利润。"
>
> 2012 年，他的视角略有不同："我们致力于关注竞争对手，受到他们的启发，实际上以客户为核心是我们企业文化的标志性元素。"

2018 年，在最新一封致股东的信中，贝索斯感慨道："永远保持高标准，是客户的挑剔成就了我们。"

亚马逊用"以用户为中心"的使命统一了外部红利、内部能力以及真北指标，甚至亚马逊的商业模式、营销模式都建立在使命之上。这种以使命为核心的经营展开，与大多数企业的使命建设行为大相径庭（见图 8-13）。

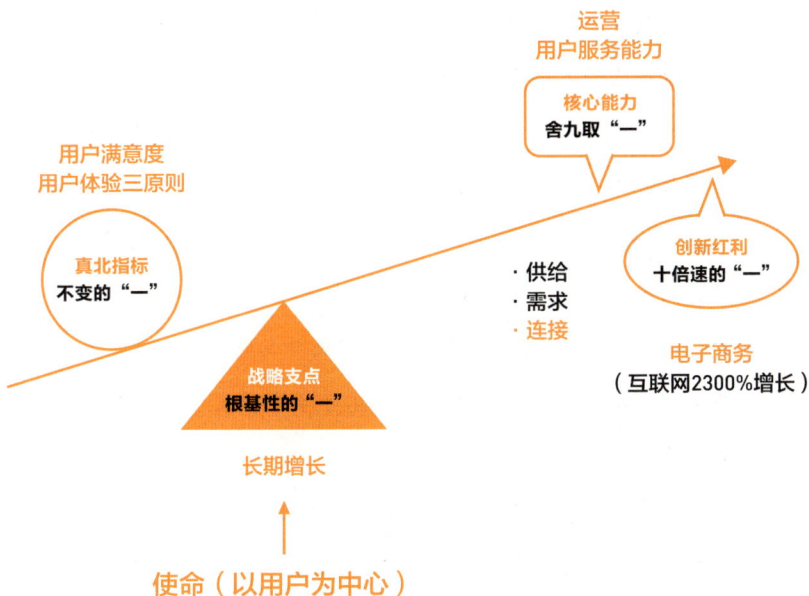

运营
用户服务能力

核心能力
舍九取"一"

用户满意度
用户体验三原则

真北指标
不变的"一"

· 供给
· 需求
· 连接

创新红利
十倍速的"一"

战略支点
根基性的"一"

电子商务
（互联网2300%增长）

长期增长

使命（以用户为中心）

图 8-13　亚马逊"以用户为中心"的公司使命

事实上，业界很多企业都标榜自己"以客户为中心""客户至上"，但其中不乏一些企业仅将这些使命停留在口头上或者把字挂在墙上。一旦客户利益与企业或股东利益发生冲突，企业便会毫不犹豫地将客户抛诸脑后。但是亚马逊并非如此，它用了 20 多年的时间来践行自己设定的这一原则，从这个角度来说，贝索斯可能是互联网时代最认真践行使命的企业家之一。

下面的例子或许能让你更深刻地理解亚马逊"以客户为中心"的使命。

亚马逊在创立之初走的是直营道路，后来慢慢开放了第三方平台，对自己并不擅长的品类引进第三方参与经营，玩具和婴幼儿用品便是其中两类。在当时，玩具反斗城是全球最大的玩具及婴幼儿用品零售商，在得知亚马逊开放第三方平台之后，玩具反斗城表现出浓厚的合作兴趣，愿意为亚马逊提供最受欢迎玩具的库存，同时放弃网络自治权，换取成为亚马逊的独家玩具及婴幼儿用品供应商的权利。为此，玩具反斗城将每年付给亚马逊 5000 万美元和通过亚马逊网站获得的销售额的 1%。2000 年年中，双方签订了为期 10 年的合作协议。

很快，玩具反斗城成为儿童玩具网站的泰斗，所有在其官网购物的流量，都会被导回亚马逊的销售页面。2002 年，玩具与婴幼儿用品的销售额甚至超过了亚马逊的年初预期。按理说，这是一次皆大欢喜的双赢合作，理应长久顺畅。然而，亚马逊却不这么认为。

由于双方此前签署的是独家协议，按照协议约定，亚马逊不能引进其他玩具商，这明显限制了客户的选择空间，"这样未必是件好事"[1]。亚马逊公司有三大原则，其中之一便是"客户要有无限选择权"，这个权利神圣不可侵犯。为了确保客户权益，亚马逊在 2003 年春天引进了其他玩具商，这一行为引起了玩具反斗城的强烈不满。

2004 年 5 月，玩具反斗城起诉亚马逊违约，并最终胜诉，终止了与亚马逊合作 10 年的协议，于 2006 年重启自家独立网站。3 年后，亚马逊同意支付玩具反斗城 5100 万美元的和解费。

玩具反斗城虽然打赢了官司，但此后销量一路下滑，常年存在巨额亏损，最终于 2017 年 9 月 18 日宣告破产；而亚马逊的玩具品类，始终位于其销售榜单的前三名，为亚马逊带来了源源不断的流量和利润。

现在复盘这个案例时，从旁观者的角度来看，你也许会觉得当时贝索斯的决策无比正确，但身处其中，面对企业的长期亏损，通过边缘业务的玩具品类能获得可观的现金收入，这是多么大的诱惑。对创业者而言，左手是客户，右手是利益，当二者发生冲突时，考量的正是价值观。

看完这个案例，你或许就能明白，为何在美国的客户满意度

---

[1] 当时在亚马逊负责玩具业务的乔利特·凡德·穆勒恩（Jorrit Van de Meulen）于 2003 年起草了一份备忘录，其中提到"亚马逊实质上把玩具和婴儿商品的控制权让给玩具反斗城，这样未必是件好事"。

指数排名中，截至 2017 年，亚马逊已经连续 8 年排名第一（见图 8-14）。亚马逊就是这样将"以客户为中心"的使命作为不变的战略支点。

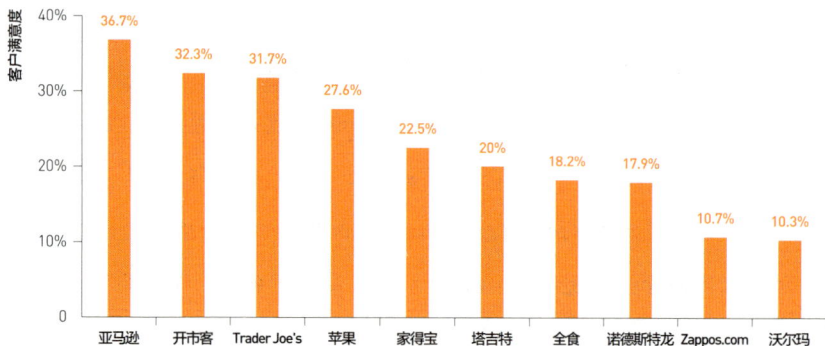

图 8-14　2010—2017 年美国客户满意度指数排名

贝索斯在亚马逊内部有个绰号，叫"空椅子"，这个绰号来源于他在召开亚马逊重要会议（包括董事会）时，总会让人空出一把椅子留给客户。这把椅子有时并不是空的，贝索斯真的会请客户来旁听会议，或者请与客户最接近的一线销售人员来扮演客户，在会上与高层管理者分享客户的真实想法。

以用户为中心，哪个电商公司不说这句话呢？但真正能够持续践行使命的企业寥寥无几。因为对大多数电商企业来说，使命只是一个口号，而不是一个深入根源的坚实基础。使命的最佳状态是什么？不是价值观道德的自我约束，而是与运营模式合一，这样才能在不断的实践中，持续夯实使命的影响力。

亚马逊电子书与 Prime 案例

亚马逊是我非常喜欢的案例，我们再讲一个前文已经提及，但角度不同的案例——亚马逊的电子书。贝索斯说世界上有两种公司：一种是尽可能地说服客户支付一个较高的价格，让自己获得更高的利润；另一种是拼命把价格降到最低，把利润都让给消费者的公司。他觉得这两种公司都能非常成功，但是贝索斯坚定地选择做第二种公司。

贝佐斯不想重复"史蒂夫·乔布斯的错误"——将 iPhone 定价过高，从而使智能手机成为吸引大规模竞争的众矢之的，成为众多手机品类的竞技场。所以，贝索斯在做亚马逊电子书时，一直采用"贴地飞行"的策略，不给竞争对手留出任何空间。

2007 年 11 月 19 日，亚马逊推出了 Kindle 便携式阅读器，用户可以用不高于 10 美元的统一价格，通过 Kindle 阅读很多新书和经典畅销书。

亚马逊与全美六大出版商在电子书方面的合作模式是"批发零售"模式，即一本新书将出版时，六大出版商以折扣价将电子书卖给亚马逊。亚马逊以折扣价买进后，不论买进费用的高低，统一标价 9.99 美元出售给用户。正是基于这种"不图利益，客户至上"的经营理念，亚马逊受到广大电子书用户的一致好评，一度占据了美国电子书市场将近 90% 的份额，基本占据了垄断地位。

用户享受到了切实的利益，六大出版商却着急了，因为亚马逊这么做会严重影响出版商纸质图书的生意。更重要的是，如果亚马逊"控制"了电子书市场，就有了与六大出版商商议定价的资本，甚至可以绕过出版商，直接与作者进行合作。

2010 年，苹果公司打算借用 iBooks[1] 增加 iPad 的销量。长期苦于亚马逊强势"压制"的美国大型出版商，十分欢迎苹果公司的加入，愿意与苹果公司制定能够对电子书市场产生冲击的价格策略，以削弱亚马逊的垄断地位。

很快，苹果公司与全美六大图书出版商中的 5 家[2] 签署了协议，约定以"代理定价模式"销售电子图书。根据该协议，苹果允许出版商自由设定电子书售价，出版商获得零售价的 70%，苹果公司则从销售额中固定抽取 30% 作为佣金。通常，这种模式会导致电子书定价过高，许多新书价格为 12.99 美元和 14.99 美元，极大地增加了用户的阅读成本。而这样做，出版商和苹果公司都能获取更多的利润。

苹果 iBooks 的出现，给美国的电子书市场带来了显著的"鲶鱼效应"，也对亚马逊的电子书业务产生了巨大的冲击，亚马逊电子书的市场占有率一度跌至 54%。失去了垄断地位的亚马逊再也无法使出版商压低价格，只得跟随苹果公司的脚步，将 Kindle 上的电子

---

[1] 基于 iOS 系统的电子书阅读平台。

[2] 西蒙与舒斯特公司、哈珀柯林斯出版集团、阿歇特出版公司、企鹅出版集团和麦克米伦公司。

书价格从 9.99 美元上调至 12.99 美元或 14.99 美元。

2012 年，美国司法部起诉苹果公司和与其合作的 5 家出版公司，指控它们合谋操纵电子书价格，严重地损害了消费者的利益。5 家出版公司先后与司法部达成和解，而苹果公司多次上诉未果，最终被判赔 4.5 亿美元，用户将获得其中 4 亿美元的支付赔偿。这一判决被认为是用户和亚马逊的胜利：电子书用户的阅读成本下降了，亚马逊则重新取得了电子书市场的垄断地位。

消息一出，亚马逊马上发表声明，表示愿意将被苹果公司抬高的电子书价格全部赔偿给消费者，分文不留。于是，市面上传出了这样的新闻："亚马逊将造价为 84.25 美元的 Kindle 以 79 美元的价格出售，每卖出一个 Kindle，亚马逊就要损失超过 5 美元。"[1]

请你假想一件事情，假如你是贝索斯，是选择把钱返回给消费者，还是放入自己的财务报表中？到今天为止，亚马逊在 Kindle 设备上依然是每年有 5 亿美元的损失，但是在电子书、音乐、电影、广告等方面，亚马逊的每年利润是 20 亿美元，并且占据了全美 83.3% 的电子书市场。

贝索斯补贴电子书带来了两个好处：第一，亚马逊在电子书市场长期处于垄断地位；第二，虽然 Kindle 硬件不盈利，但亚马逊可以赚用户后续消费的钱。就这样，亚马逊不仅让利给了消费者，也

---

[1] 载于市场研究公司 HIS isuppli 提供给 Main Street 的独家报道。

将其商业模式和长期战略完美地结合到一起，从而保障了企业的长期利益，使命和商业模式合一才是战略的最高境界。

与电子书案例类似的，是亚马逊 Prime 的会员服务。

2005 年，一名亚马逊中层员工提出以收 99 美元年费的方式，为用户提供两天内配送服务 Prime。以当时的物流水平看，从华尔街到公司高管都觉得这一定是疯了。贝索斯力排众议将这个项目坚持了下来。

时任亚马逊 CFO 的沃伦·简森（Warren Jenson）认为，"免费送货"并不是什么创举，而是想让未来的资产负债表再一次出问题。因此，沃伦·简森让格里利 (时任财务部副主管，免费送货的方案建议者) 靠边站，并给他降了职。

理由很简单，听起来也合情合理，假设快递公司单笔订单的成本是 8 美元，而 Prime 会员一年有 20 笔订单，那么亚马逊公司一年的运输成本就会达到 160 美元，这远高于 99 美元的会员费。所以这项服务对亚马逊来说成本太高，没有办法达到盈亏平衡。但是，贝索斯坚定地支持推出这项服务。

现在我们"事后诸葛亮"地认为，亚马逊推出 Prime 的意义非凡。但在当时，在对 Prime 的信心上，贝索斯几乎是在单打独斗。不仅如此，除了当初的快速免费送货服务，后来 Prime 会员超值服务，更是打包赠送用户诸如流媒体、音乐、图书杂志畅读、游戏等一系列服务（见图 8-15）。

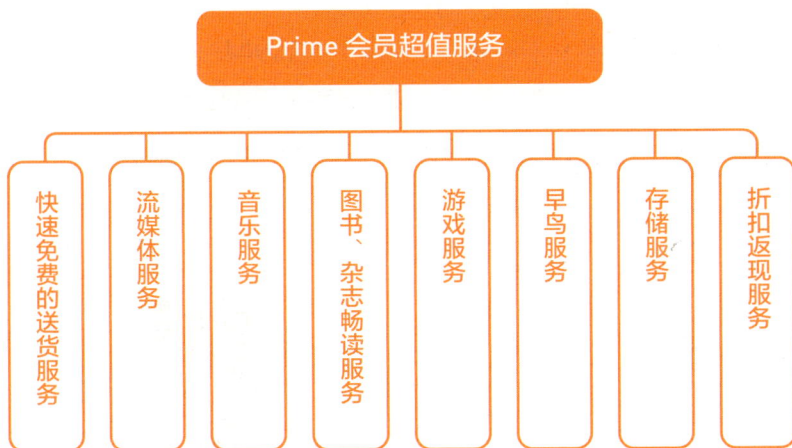

图 8-15　Prime 会员的超值服务

2017 年，由亚马逊出品的《海边的曼彻斯特》在奥斯卡金像奖上斩获了最佳男主角和最佳原创剧本奖，另外，它还获得了最佳导演、最佳男配角、最佳女配角、最佳剧情类影片的提名。而贝索斯在内部却开玩笑说："我们获得奥斯卡奖，是为了卖出更多的手纸和狗粮。"

2019 年，Prime 全球会员数已经超过 1 亿，按照每人每年 99 美元的会费计算，这笔收入将近 100 亿美元。然而，迄今为止，这个项目还是亏损的，亚马逊在 Prime 权益上的投入远超过这个数字。

但回头看，99 美元的年费刺激了会员充分利用 Prime 价值的心理，下了更多的订单，相对于亚马逊非 Prime 会员美国用户每年 600 美元的支出，Prime 会员美国用户每年要在亚马逊网站平均花费 1400 美元，并且大量顾客因为这个服务成为亚马逊的拥趸（见

图 8-16）。这也被认为是亚马逊历史上最划算的买卖之一，是战胜 eBay 的关键所在。表面上看是亏损，是投入，实际是把营销费用在了客户身上。而这些，都是贝索斯从竞争对手那里学习到的。

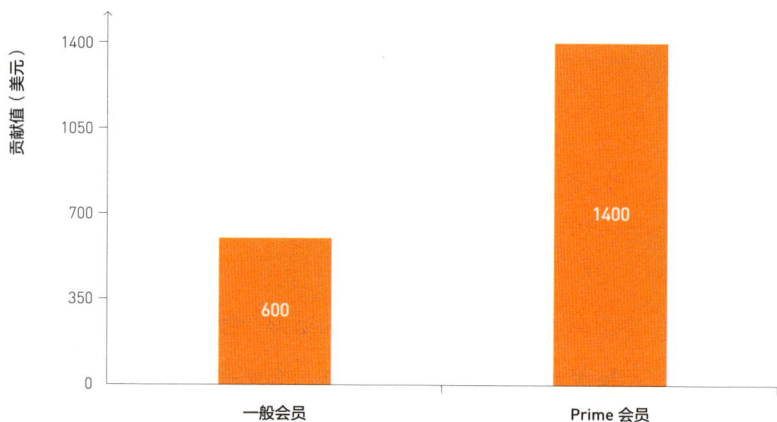

图 8-16 亚马逊公司 Prime 会员和一般会员的贡献值对比示意图

2000 年，沃尔玛 CEO 李·斯科特与贝索斯在会谈时说："我们在市场营销上只花费了 40% 的营销费用，其余的营销费用用在了降低价格上。我们的营销策略就是定价策略，即天天都是低价。"

2001 年年初，开市客（Costco）的 CEO 杰弗里·布罗特曼向贝索斯介绍了自己的经营模式：全是关于客户忠诚度的问题。每个仓库都有大约 4000 件货品，开市客成批购进，只加价 14%，虽然有些可以多加一些。公司也不做广告，从每年的会员费中赚取大部分毛利。低价和会员体系的模式几十年前就有了，但别人看到的只是现象，贝索斯看到了本质，他不是照抄，而是用亚马逊独特的方式去实施，这不仅仅是价值观的自我约束，而是把使命与运营模式合一，达到使命的最佳状态。2017 年 11 月 27 日，贝索斯身价突破千亿美元，成为世界首富。至今，亚马逊的市值一路高歌猛进，屡创新高（见图 8-17）。

亚马逊的使命是"以用户为中心"，这句话是贝索斯二十年

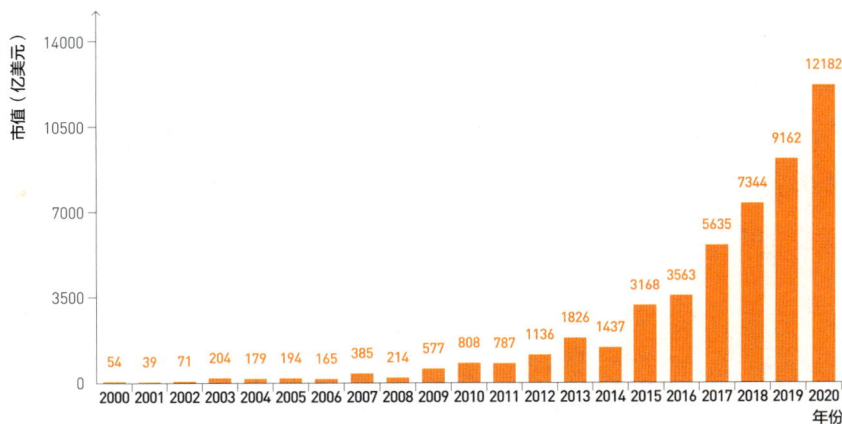

注：2000—2019 年选取的为 12 月 31 日的市值，2000 年选取的为 5 月 29 日的市值

图 8-17　2000—2020 年亚马逊公司的市值变化示意图

如一日坚持的基本原则。这让我想起芒格，他说，在商界和科学界，有条有用的古老法则，它分两步：第一步，找到一个简单、基本的道理；第二步，非常严格地按照这个道理去行事。所以，具体事件和原则冲突的时候，我要选择原则。

这就是本书最后一个模型——战略杠杆模型。它不仅适用于初

创企业在第一曲线击穿破局点，也适用于成熟企业开拓第二曲线；不仅适用于初创小公司，也适用于大公司设计增长战略，撰写商业计划书。

最后，重读一下贝索斯那句令我为之震撼的话："所有只能产生短期利润的项目都不重要，无论现在赚多少钱；能够产生长期现金流的项目才是重要的，无论现在亏多少钱！"所以，今天这个时代，一定要有长线思维。

我讲的案例都是借假修真，其中的事实如何并不重要，重要的是分析的逻辑。在混沌学园，我们学习的是如何思考问题（How to Think），而不是如何做事情（How to Do）。所以，再次提醒大家，我讲的内容可能都是错的，仅仅是帮助你换一种全新的视角来看待这个世界。

后记

走入混沌，是为了走出混沌。

柏拉图在著名的"洞穴隐喻"里说，我们大家都生活在一个洞穴中。你看着墙上的影子，以为那是真实的世界。其实，是火光把洞穴之外的活动，用影子的方式投射到墙上而已。由于你生活在洞穴里，并不能意识到这一切。

所以，柏拉图说，真正的教育不是把墙上被投射出来的光告诉洞穴里的人，而是把洞穴里的人带到洞穴之外，让他自己沐浴在真理的阳光之下。

真理，在洞穴之外，阳光之下。

柏拉图游历各国，在 40 岁的时候回到雅典建立了柏拉图学园。从某种意义上讲，这是西方历史上出现的第一所大学。与所有其他教育机构不一样的是，柏拉图在学园里讲授哲学、数学、物理学等"无用"的学科。

伟大的哲学家、科学家亚里士多德 17 岁加入柏拉图学园，在那里作为学生和学者一直待了 20 年。他按柏拉图"哲学王"的标准培养了伟大的亚历山大。后来，亚历山大把这种思维方式传遍了西方世界。

"教育是真正的转变"，柏拉图的理念深刻地影响了我。关于什么是教育，柏拉图给了我最坚定的力量。我想，从今以后，我需要改变对自己的定义——我不再只是一名讲者。

过去，我把自己定义为一个老师。我在混沌学园有且只有一个身份，那就是一个教书匠。但是，如果我把自己定义为课堂里的一个老师，讲完之后，人们说"教授，你讲得真好"，这件事情就结束了。换句话说，只要把课讲好，我就没事了。但是，如果你没有真正的收获，我讲得再好，又有什么用？

所以，从今往后，我把自己定义为一个摆渡人，一个传播者。我相信，我讲课讲得好不好并不重要，重要的是大家有没有真正的收获，有没有发生真正的改变。让改变当场发生，这才是一件极其美好的事情。否则我讲得再好，如果听众没有触碰到，所受的教育就是没有用的。

我的书的内容全部来源于我的课程，课程的研发历经 9 年的打磨、沉淀，诚挚地感谢每一位曾参与共建的老师、同学、朋友。只希望你真正习得、发生改变，这是我们向你承诺的交付。

很多人此前都问我，为什么会给混沌学园起"混沌"这样一个奇怪的名字。我想告诉大家，其实，走入混沌，是为了走出混沌。而走出混沌的唯一方式，就是更深刻地理解这个世界。